Martina Schurich

DIE GESUNDE LUNCH-BOX

Köstlich – einfach – praktisch

INHALT

EINLEITUNG

FRÜHLING

SOMMER

HERBST

WINTER

MOBILE MAHLZEITEN

In Indien ist es selbstverständlich, am Arbeitsplatz ein selbst gekochtes Mittagessen zu sich zu nehmen. Dafür ist ein bemerkenswertes Transportsystem entstanden: Die Zusteller, die das Essen per Zug, Fahrrad, Handkarren oder auf dem Kopf quer durch indische Großstädte bugsieren, heißen „Dabbawalas". In Kannen, Tüten, Taschen und vor allem in mehrteiligen Henkelboxen („Dabbas") werden Mahlzeiten transportiert, die am selben Tag frisch zu Hause gekocht wurden. Weil das Essen früh morgens noch nicht fertig ist, wenn die Angestellten aus dem Haus gehen und um es nicht selbst tragen zu müssen, wird jedes Essen von den Dabbawalas zum jeweiligen Familienangehörigen gebracht. Das ausgeklügelte System besteht schon seit mehr als hundert Jahren; Irrläufer sind ausgesprochen selten.

Und wie sieht es bei uns in Mitteleuropa aus? Die einen tun es, die anderen nicht mehr – vom Mittagessen ist die Rede. Dabei handelt es sich um die bei uns übliche warme Hauptmahlzeit, die noch bis vor einigen Jahren meist gemeinsam im Familienkreis eingenommen wurde. Heute ist unsere Esskultur im Wandel, die mittägliche Hauptmahlzeit wird oft außer Haus konsumiert. Das gängige Angebot an Fast Food und die oft fantasielos belegten Brötchen vom Bäcker bieten auf Dauer keine befriedigende Lösung. Meist sind die Mittagspausen aber zu kurz, um sich auf den Weg zu den selteneren, aber genussvollen Alternativen wie beispielsweise Suppen- oder Salatbars zu machen. Zudem können es sich nur wenige leisten, jeden Mittag essen zu gehen. Die Gastronomie passt sich den veränderten Lebensumständen an: Günstige, kurzfristige Sattmacher werden uns an jeder Ecke aufgedrängt. Verführerisch gaukelt uns das Zusammenspiel aus Fett und Kohlehydraten in unwiderstehlicher Form vor, unseren Hunger stillen zu können. Da passiert es häufig, dass wir uns doch wieder lustlos und schnell etwas „auf die Hand" holen oder das Mittagessen ganz ausfällt – der Appetit wird dann nachmittags mit Süßigkeiten abgefüttert.

Dennoch gehören zu unserer Esskultur seit jeher drei Mahlzeiten am Tag und ein warmes Mittagessen – dieses Bedürfnis ist trotz der veränderten Lebensumstände tief in uns verankert. Ebenso deutlich ist in unserer heutigen Gesellschaft der Wunsch nach einer gesunden Ernährung vorhanden, dieser Trend hat sich in den letzten Jahren noch weiter verstärkt. Die persönlichen Erfahrungen werden von einer Forsa-Studie bestätigt: Das Mittagessen ist für die meisten Berufstätigen immer noch sehr wichtig. Ein Drittel der Befragten meint jedoch, dass eine gesunde Ernährung während der Arbeit nicht möglich sei. Aus Mangel an Zeit und aufgrund einer unbefriedigenden Auswahl verzichten daher viele Menschen auf das Mittagessen, so auch die Studie.

Für diese weit auseinanderklaffende Schere zwischen Nachfrage und Angebot wäre sicher das Vorbild der Dabbawalas aus Indien eine Lösung. Mit ein wenig Vorbereitung am eigenen Herd und ein paar geeigneten Behältern können wir dieses „Problem" jedoch auch selbst lösen und unser eigenhändig gekochtes Mittagessen mit zur Arbeit nehmen. Jeder hat die Freiheit, seine Mittagspause zu gestalten. Dazu gehört in erster Linie ein Mittagessen, das uns schmeckt und guttut. Die aktuelle Umbruchphase in unserer Esskultur gibt uns die Möglichkeit, die Zukunft unserer Ernährung so zu gestalten, wie es uns richtig erscheint. Dabei könnte das „Essen zum Mitnehmen" ein gelungener Anfang sein – auf dem Weg zu mehr Freiheit, Wohlbefinden und Genuss.

EINFACH, SCHNELL UND KÖSTLICH

Ich bin eine „faule" Köchin! Meine Rezepte sind meist sehr schnell gekocht, der Aufwand in der Küche ist gering. Normalerweise sind es nur wenige Arbeitsschritte, die Anzahl der Zutaten ist überschaubar. Ich vertrete eine simple Küche ohne viel „Schnickschnack". In unserem heutigen Arbeitsalltag lautet die Herausforderung oft, aus „Nichts" etwas Leckeres zu kochen – weil man wieder einmal keine Zeit zum Einkaufen hatte. Meistens beginne ich daher mit einem Blick in den Kühlschrank. Dann bediene ich mich am vorrätigen Gemüse und suche nach einem geeigneten Getreide zum Kombinieren. Der Reiz und der Spaß entstehen daraus, aus wenigen Zutaten eine spannende Mahlzeit zu kombinieren. Ein voller Kühlschrank belastet mich nur, weil ich mich dann zur Verarbeitung der Lebensmittel gezwungen fühle, damit sie nicht verderben. Wie viele andere Menschen heute auch, pflege ich zudem einen flexiblen, spontanen Lebensstil, sodass ich die Mahlzeiten ohne viel vorherige Planung entwickle. So weiß ich morgens oft noch nicht genau, wo ich nachmittags oder abends sein werde: Man geht zum Sport oder mit Freunden aus oder beteiligt sich am kulturellen Leben. Dann kommt man nach Hause und möchte essen – am liebsten gleich. Weiterhin will ich jederzeit die Freiheit haben, spontan Freunde zum Essen einzuladen und für uns alle zu kochen. Jeder Mensch genießt es, in Gesellschaft zu essen. Dabei kommt es nicht auf die Raffinesse eines Gerichts an, im Mittelpunkt steht der soziale Aspekt des gemeinsamen Essens.

Die einfache Lösung in vielen solchen Situationen ist, aus dem etwas zuzubereiten, was gerade da ist. Der Trick dabei ist simpel: Die wichtigsten Basiszutaten lagern zu Hause und sind jederzeit griffbereit. Aroma und Abwechslung verleihe ich den meist einfachen Gerichten vor allem mit frischen oder getrockneten Kräutern. Mehr zu diesen Grundzutaten und Gewürzen im Folgenden:

MEINE BASISZUTATEN

Neben frischem Gemüse, Kartoffeln, Zwiebeln und Knoblauch finden sich in meinem Kühlschrank immer Butter, Joghurt, Eier, Käse, Chutneys, Dijonsenf und selbstgemachte Mayonnaise im Glas (Rezept auf Seite 24). Im Tiefkühlfach lagern kleine Portionen verschiedener Brotsorten, Blätterteig, Hühnersuppe, Fischfilets und Erbsen. Da ich als „faule" und spontane Köchin auch gerne auf Vorrat koche (siehe Seite 84 ff. und Seite 134 ff.), habe ich oft vorgegartes Hühner- und Rindfleisch in tiefgekühlter Form parat. In meinem Vorratsregal stehen verschiedene Getreidesorten: Meine Favoriten sind Gerste, Hirse, Haferflocken, Polenta und „Pseudogetreide" wie Amaranth, Quinoa und Buchweizen. Neben Reis und Nudeln finden sich Grieß, Couscous und Bulgur – als weitere schnell garende Alternativen. Dazu kommen Linsen, Olivenöl und Sojasoße sowie eine kleine Auswahl an Dosen: geschälte Tomaten und Kokosmilch.

AUF DIE GEWÜRZE KOMMT ES AN

Kräuter und Gewürze sind meine kleinen Zaubermittel – sie verleihen meinen Speisen Geschmack, Pfiff und eine persönliche Note. Ohne sie wären meine Gerichte „nackt“. Alle Gewürze sind zudem Heilkräuter und daher grundlegend für unser Wohlbefinden: Sie schenken Kraft und unterstützen die Gesundheit.

Ich verzichte auf jegliche Würze aus dem Lebensmittellabor. In meiner Küche finden sich keinerlei Brühwürfel, fertige Gewürzmischungen oder sonstige „magische Pulver“. Ich schätze die Würzkraft der Natur und erlaube den Kräutern, das „Kommando“ in meinen Speisen voll und ganz zu übernehmen. Mit am häufigsten verwende ich Liebstöckel – das sogenannte „Maggikraut“, das vielen Gerichten eine ähnlich würzige Note schenkt wie das sonst übliche Gemüsebrühpulver. Besonders Suppen, Soßen und Getreidegerichten verleiht der Liebstöckel das gewisse Etwas.

Sie können aus einem Rezept zwei ganz unterschiedliche Gerichte kreieren – indem Sie diese jeweils mit einem anderen Kraut würzen. Probieren Sie es aus! Es ist einfach und macht Spaß, auf diese Weise den eigenen Geschmack kennenzulernen und neue Lieblingskombinationen herauszufinden.

Am intensivsten schmecken natürlich die frischen Kräuter. Nicht jeder hat einen Garten, wo man sich jederzeit bedienen kann. Das macht aber nichts, denn es gibt andere Wege, sich die „Zauberkünstler“ in die Küche zu holen. Sobald im Frühjahr frische Kräuter erhältlich sind, kann man sich die Töpfchen an einen sonnigen Fensterplatz in der Küche stellen. Pflegeleichte Topfkräuter sind Basilikum, Rosmarin, Thymian, Minze und Oregano. Auch auf einem kleinen Balkon sind diese Kräuter natürlich bestens aufgehoben. In den letzten Jahren habe ich eine praktische Möglichkeit herausgefunden, um die wichtigsten Kräuter jederzeit zur Verfügung zu haben: Ich kaufe oder pflücke eine größere Menge verschiedenster frischer Kräuter, wie Salbei, Liebstöckel, Majoran, Thymian, Rosmarin oder Minze. Dann stelle ich sie jeweils in ein Gefäß oder eine Vase ohne Wasser und lasse sie ganz langsam und natürlich abtrocknen. Eine dekorative Möglichkeit ist es, die Kräuter locker zusammenzubinden und sie in der Küche an einem geeigneten Platz aufzuhängen. Auf diese Weise stehen mir die wichtigsten Gewürze immer zur Verfügung.

Lediglich Basilikum, Schnittlauch und Petersilie verlieren durch das Trocknen ihr Aroma und sind daher frisch am besten. Bei diesen Kräutern greife ich im Winter auch auf Gewächshausware zurück.

Ist man nicht selbst zum Trocknen von Kräutern gekommen, kann man sie auch sehr gut in der Apotheke kaufen. Hier stimmen Qualität, Aroma und Wirkstoffgehalt, oft stammen die Kräuter aus biologischem Anbau. Zudem sind etwas größere Mengen recht günstig erhältlich.

Zu den gängigen Gewürzen in meiner Küche zählen neben den bereits genannten einheimischen Kräutern auch Exoten wie Koriander, Kurkuma, Kreuzkümmel, Garam Masala, Kümmel, Madras Curry, edelsüße Paprika und Chilis.

Mit dieser Grundausstattung lässt sich bereits der überwiegende Teil der Rezepte in diesem Buch nachkochen. Wenn Ihnen ein Rezept gefällt, aber gerade ein Gewürz, ein Getreide oder eine andere Zutat dafür fehlt, gibt es dazu bestimmt Alternativen. Lassen Sie sich deswegen nicht abhalten und wandeln Sie das Rezept einfach nach den jeweils vorhandenen Vorräten und Gewürzen ab.

SAISONALE ZUTATEN AUS REGIONALEN QUELLEN

Ich erinnere mich noch gut an die Zeit, als ich auf den Gemüsemärkten im Herbst und Winter kaum noch etwas gefunden habe, das mir zum Kochen geeignet schien. Die verlockend bunten Zutaten sind um diese Zeit verschwunden: Je kälter es wird, desto unscheinbarer und farbloser erscheint das Wintergemüse. Erst nach und nach habe ich entdeckt, welche fabelhaften Aromen in all diesen unauffälligen Knollen, Wurzeln und Kohlsorten stecken. Heute bin ich fasziniert von den vielen verschiedenen Gemüsesorten und liebe es, damit zu experimentieren. Für mich bedeutet Kochen mit Gemüse pure Freude: Durch das Ausprobieren von mir unbekannten, saisonalen Sorten, neuen Zubereitungsformen und Kombinationen kann ich mich – ähnlich wie bei den Gewürzen – in der Küche kreativ „austoben".

Ich bin davon überzeugt, dass es für unsere Gesundheit nichts Besseres gibt, als sich von saisonalen Zutaten aus regionalen Quellen zu ernähren. Die verschiedenen Gemüse- und Obstsorten aus der Region weisen zur jeweiligen Erntesaison genau die Vitamine, Mineralstoffe und Spurenelemente auf, die unser Körper gerade in dieser Jahreszeit benötigt! Das Bewusstsein für eine solche Ernährung nimmt hierzulande stetig zu. Laut einer aktuellen Studie (A. T. Kearney, 2013) kaufen über 70 % der Verbraucher in Deutschland, Österreich und der Schweiz mehrmals im Monat regionale Lebensmittel ein, nahezu die Hälfte tut dies sogar wöchentlich. Nur etwa 20 % der Verbraucher in den drei Ländern legen weniger als ein Mal im Monat regionale Lebensmittel in den Einkaufskorb. Die Top 5 der Produkte, bei denen uns Verbrauchern die Regionalität besonders wichtig ist, sind Eier, Gemüse, Obst, Fleisch und Milchprodukte.

Was selbst gekochtes Essen und Fertiggerichte angeht, sind laut Trendforschern aktuell zwei gegenläufige Entwicklungen feststellbar: Einerseits wächst die Zahl der Konsumenten, die die Verantwortung für ihre Ernährung lieber an der Eingangstür zum Lebensmittelgeschäft abgeben. Andererseits wächst aber auch die Gruppe derer, die es genauer wissen wollen, die Transparenz für Herkunft, Inhaltsstoffe und Aufbereitung von Lebensmitteln fordern. Wenn man selbst Freude am Kochen mit guten Zutaten hat, spielen diese Hintergründe eine wichtige Rolle. Die treibende Kraft dabei ist das Bedürfnis, sich bewusst mit den Nahrungsmitteln und deren Zubereitung auseinanderzusetzen – und Gleichgesinnte zu finden, mit denen man die Leidenschaft für gutes Essen teilt.

MIT FREUDE BEWUSST KOCHEN

Auch wenn meine Gerichte schnell und einfach zubereitet sind – die Qualität der Lebensmittel sollte stimmen! Neben den saisonalen und regionalen Aspekten achte ich auf die genaue Herkunft und eine ökologisch möglichst einwandfreie Gewinnung. Ebenso bewusst wie ich meine Nahrung einkaufe, bereite ich sie dann auch zu. Die relativ kurze Zeit, die ich in der Küche verbringe, ist wie eine Meditation für mich. Ich konzentriere mich voll und ganz auf die Zubereitung eines Gerichtes. Dann bin ich ganz bei mir und bei denen, für die ich koche. Der Fokus auf die manuelle Tätigkeit distanziert mich auf diese Weise von allerlei Alltagsthemen. Die kreative Arbeit erfüllt mich mit Glück, ganz gleich, ob ich für mich alleine koche oder für die Familie, eine große Gesellschaft oder zu einem bestimmten Anlass – Freude und Leidenschaft sind immer dabei.

Meine „Kochkünste" entstehen aus der Liebe und Wertschätzung für gute Nahrungsmittel. Das ist mein Motor, um neue Rezepte für alle möglichen Gelegenheiten und Bedürfnisse auszuprobieren. Ich denke, alle Menschen besitzen diese instinktive Liebe zu guten „Lebens-Mitteln". Viele wissen jedoch heute nicht mehr, wie sie das eine oder andere zubereiten können. Zudem ist die Zeit zum Einkaufen und Kochen oft knapp berechnet. Das Bedürfnis nach einem schmackhaften und wohltuenden Essen ist da, aber man weiß nicht genau, wie man anfangen soll.

Mein persönlicher Wunsch wäre es, mit diesem Buch so viele Menschen wie möglich zum Kochen zu motivieren, die sich gerne genussvoll, ausgewogen und gesund ernähren möchten – zu Hause und unterwegs. Neben all den bereits aufgeführten Vorzügen für unser Wohlbefinden ist man damit ein ganzes Stück freier und unabhängiger von Fertigprodukten und Imbissbuden. Lassen Sie sich begeistern von meiner simplen Art zu kochen und nehmen Sie auch Ihre Mahlzeiten für unterwegs wieder in die eigene Verantwortung. Keine Angst, es kann nichts passieren: Sie werden alles Zubereitete auch essen können, denn sie kochen mit „wertvollen" Lebensmitteln, die uns immer guttun, ganz egal wie sie zubereitet werden – auch wenn ein Gericht mal nicht ganz perfekt ist. Sie finden in diesem Buch passende Rezepte für jede Jahreszeit; es sind überwiegend kleine Gerichte, die sich auch gut einpacken und mitnehmen lassen. Viele davon kann man miteinander kombinieren. Auch zahlreiche Beispiele für alternative Zutaten und Zubereitungsmöglichkeiten bieten sich an. Dieser Aufbau erleichtert es, neue Gerichte auszuprobieren und kreativ damit zu „spielen" – viel Spaß dabei!

NÄHRWERTANGABEN

Alle Gerichte in diesem Buch sind für 2 Personen konzipiert.
Die Nährwerttabellen weisen jeweils die Mengenangaben pro Portion aus, also ½ der Gesamtmenge.
Ausnahmen sind extra gekennzeichnet.

FRÜHLING

FRÜHLINGSSUPPE

MIT BÄRLAUCH

Schon ab März sind die ersten frischen Bärlauchbüschel in lichten Wäldern und auch auf Wochenmärkten zu finden. Bärlauch steckt voller Vitalstoffe und soll zu den ersten Pflanzen gehören, die Bären nach ihrem Winterschlaf verspeisen – um wieder zu neuen Kräften zu kommen.

ZUTATEN für 2 Portionen

1 Zwiebel
3 Knoblauchzehen
50 g Knollensellerie
3 EL Olivenöl
1 große Zucchini
750 ml Wasser
1 EL getrockneter Liebstöckel
Salz
Pfeffer aus der Mühle
1 Bund Bärlauch

NÄHRWERTE pro Portion

kcal	kJ	Eiweiß	Fett	Kohlenhyd.
176	735	3	16	6

1. Zwiebel, Knoblauch und Sellerie schälen, in Würfel schneiden und einige Minuten unter Rühren im Olivenöl anbraten. Die gewaschene, klein gewürfelte Zucchini dazugeben und kurz mitbraten. Mit Wasser aufgießen und mit Liebstöckel, Salz und Pfeffer würzen. Etwa 20 Minuten bei geringer Hitzezufuhr zugedeckt köcheln lassen, bis die Zucchini weich ist.

2. Die Bärlauchblätter in einem Sieb unter fließendem Wasser waschen, mitsamt Stängeln in kleine Streifen schneiden und in den Topf geben. Aufkochen lassen und die Suppe pürieren, zuletzt abschmecken.

Anstelle des Bärlauchs können Sie auch 250 g frischen Spinat verwenden, das Rezept bleibt gleich. Dazu passt Ingwer als Gewürz, der fein geschnitten und mitgeköchelt wird.

LAUCHKÜCHLEIN

ZUTATEN für ca. 10 Küchlein

1 kleine Lauchstange
200 g Frischkäse
1 Ei, 3 EL Olivenöl
1 Rolle Blätterteig aus dem Kühlregal (ca. 275 g)
50 g Gouda oder Parmesan
Salz
Pfeffer aus der Mühle
Thymian

NÄHRWERTE pro Küchlein

kcal	kJ	Eiweiß	Fett	Kohlenhyd.
168	702	5	14	7

1. Den Backofen auf 180 °C vorheizen. Den Lauch putzen, in feine Ringe schneiden und waschen, gut abtropfen lassen. In einer Schüssel den Frischkäse mit Ei und 2 EL Olivenöl verrühren.

2. Den Blätterteig ausrollen und in gleich große Quadrate oder Rechtecke schneiden (z. B. 12 x 8 cm). Ein Backblech mit Backpapier auslegen und die Teigstücke darauflegen.

3. Die Frischkäse-Mischung auf die Teigstücke streichen, dabei jeweils einen Rand von ca. 1 cm belassen. Den geriebenen Käse darüberstreuen und den Lauch darauf verteilen. Mit Salz, Pfeffer und Thymian würzen, einige Tropfen Olivenöl darüberträufeln. Im vorgeheizten Backofen etwa 20 Minuten backen.

KAROTTENSALAT

ZUTATEN für. 2 Portionen

1 EL Olivenöl
Saft von ½ Zitrone oder Limette
Salz
1 TL Senf
1 TL Honig
Dill
2 Karotten

NÄHRWERTE pro Portion

kcal	kJ	Eiweiß	Fett	Kohlenhyd.
838	3512	23	67	33

1. Öl, Zitronensaft, Salz, Senf, Honig und Dill gut verrühren. Die Karotten putzen, schälen oder mit der Gemüsebürste waschen und grob raspeln. Mit dem Dressing vermischen und abschmecken.

KRÄUTERREIS

ALS KNÖDEL ODER FRITTERS

Aus diesem Teig lassen sich zwei ganz verschiedene Gerichte zubereiten: Zum einen locker-leichte Knödel und zum anderen flache, kross gebratene Puffer, auch Fritters genannt (siehe Bild rechts unten). Der Teig hält sich gut verschlossen einige Tage im Kühlschrank, sodass garantiert keine Langeweile aufkommt. Dazu gibt es ein pikantes Zwiebelgemüse.

ZUTATEN für 2 Portionen

100 g Rundkornreis
Salz
6 mittelgroße Zwiebeln
2 Knoblauchzehen
2 EL Sonnenblumenöl
2 EL edelsüßes Paprikapulver
80 ml Wasser
Salz
Chilipulver
125 g Mozzarella
1 Ei
3-4 EL Semmelbrösel
Frische oder getrocknete Kräuter wie Oregano, Thymian und Salbei

NÄHRWERTE pro Portion

kcal	kJ	Eiweiß	Fett	Kohlenhyd.
561	2345	21	27	58

1. Den Reis in einem Sieb unter fließendem Wasser waschen und nach Packungsanleitung kochen, bis er weich und klebrig ist. Salzen und abkühlen lassen.

2. Für das Zwiebelgemüse die Zwiebeln und den Knoblauch schälen und in feine Ringe schneiden. Im erhitzten Öl anschwitzen, mit dem Paprikapulver bestäuben und gleich das Wasser dazugießen. Mit Salz und Chilipulver würzen und köcheln lassen, bis die Zwiebeln weich sind.

3. Den Mozzarella klein würfeln und mit dem lauwarmen Reis, dem Ei, Semmelbröseln, Salz und Kräutern vermischen.

4. Für die Knödel mit den Händen kleine, feste Bällchen formen. Im heißen, aber nicht kochenden Salzwasser einige Minuten ziehen lassen, bis sie an die Wasseroberfläche steigen. Mit einem Schaumlöffel aus dem Wasser nehmen und zusammen mit dem Zwiebelgemüse servieren oder einpacken.

5. Alternativ aus dem Teig flache Puffer (Fritters) formen. Butter und Öl in einer Pfanne erhitzen und die Fritters bei niedriger Hitze auf beiden Seiten anbraten, bis sie goldgelb und knusprig sind. Dazu passt ein Tomatensalat.

„MAGISCHE“ KOHLSUPPE

Bei der „magischen Kohlsuppendiät" purzeln die Pfunde, deswegen hat diese Suppe hierzulande und in den USA Furore gemacht. Wichtig bei ihrer Zubereitung sind verdauungsfördernde Kräuter wie Kümmel, Majoran oder Koriander.

HERZHAFT

ZUTATEN für 2 Portionen

½ kleiner Weißkohl (etwa 400 g)
1 kleine Zwiebel
2 Knoblauchzehen
½ Bund glatte Petersilie
1-2 EL Olivenöl
½ l Wasser
Salz, 3 EL Majoran
1 TL ganzer Kümmel

NÄHRWERTE pro Portion

kcal	kJ	Eiweiß	Fett	Kohlen-hyd.
123	512	3	8	9

1. Den halben Weißkohl nochmals halbieren, den Strunk und die äußeren Blätter entfernen. Das Kraut in mundgerechte Streifen schneiden (etwa 4 mm breit), waschen und abtropfen lassen. Zwiebel und Knoblauchzehen schälen, mit den Petersilienstängeln fein hacken und unter Rühren im Olivenöl anschwitzen. Die Kohlstücke dazugeben und mit dem Wasser aufgießen. Mit Salz, Majoran und Kümmel würzen.

2. Die Suppe bei mittlerer Hitze 20 bis 30 Minuten köcheln lassen, bis der Kohl die gewünschte Bissfestigkeit aufweist. Abschmecken und mit der fein gehackten Petersilie garnieren.

PIKANT

ZUTATEN für 2 Portionen

½ kleiner Weißkohl (etwa 400 g)
1-2 cm frischer Ingwer
2 Knoblauchzehen
½ Chilischote
2 Stängel frischer Koriander
1-2 EL Olivenöl
2-3 Kaffir-Limettenblätter
1 TL Kurkuma, Salz
½ l Wasser

NÄHRWERTE pro Portion

kcal	kJ	Eiweiß	Fett	Kohlen-hyd.
122	406	3	8	9

1. Den halben Weißkohl nochmals halbieren, den Strunk und die äußeren Blätter entfernen. Das Kraut in mundgerechte Streifen schneiden (etwa 4 mm breit), waschen und abtropfen lassen. Ingwer und Knoblauch schälen und klein würfeln.

2. Die Chilischote putzen, nach Wunsch entkernen und in feine Ringe schneiden. Die Korianderblätter von den Stängeln zupfen, beiseitelegen und die Stängel sehr fein hacken. Olivenöl in einem Topf erhitzen und Ingwer, Knoblauch, Chili und Korianderstängel unter Rühren kurz anschwitzen. Den Weißkohl, die Kaffir-Limettenblätter, Kurkuma und Salz dazugeben und mit dem Wasser aufgießen.

3. Bei mittlerer Hitze 20 bis 30 Minuten kochen, bis das Kraut die gewünschte Bissfestigkeit aufweist. Abschmecken und mit den fein gehackten Korianderblättchen garnieren.

SANDWICHES

MIT TOMATE

Die Tomate erfreut sich großer Beliebtheit. Hier gleich zwei schnelle und leckere Rezepte, die sich einfach transportieren lassen – in einer Folie, einer Tüte oder einer Box.

MIT TOMATENMAYONNAISE UND KRÄUTERN

ZUTATEN für 2 Sandwiches

1 Tomate
1 Stängel frischer Dill
3 Blätter frischer Liebstöckel
2 EL Quark
4 EL ARTISAN-Mayonnaise (Seite 24)
Salz, Pfeffer
4 gleich große Scheiben Brot

NÄHRWERTE pro Portion

kcal	kJ	Eiweiß	Fett	Kohlen-hyd.
275	1151	8	13	32

1. Die Tomate waschen, den Stielansatz keilförmig herausschneiden, und die Tomate in Scheiben schneiden.

2. Dillspitzen abzupfen und mit dem Liebstöckel fein schneiden. In einer kleinen Schüssel den Quark mit der Mayonnaise verrühren und Dill, Liebstöckel, Salz und Pfeffer untermischen.

3. Die Tomatenwürfel unterheben.

4. Die Creme auf zwei Scheiben Brot verteilen, glatt streichen und jeweils eine Scheibe Brot daraufsetzen. Mit der flachen Hand vorsichtig von oben festdrücken. Die beiden Sandwiches mit einem scharfen Messer längs oder diagonal halbieren.

TOMATEN-KÄSE-SANDWICH

ZUTATEN für 2 Sandwiches

2 Tomaten
50–70 g milder Käse wie Gouda oder Emmentaler
weiche Butter
ca. 2 TL Dijonsenf
Salz
Pfeffer aus der Mühle
4 gleich große Scheiben Brot

NÄHRWERTE pro Portion

kcal	kJ	Eiweiß	Fett	Kohlen-hyd.
325	1364	13	16	32

1. Die Tomaten waschen und mit einem scharfen Messer in dünne Scheiben schneiden.

2. Den Käse grob reiben, alle Brotscheiben mit Butter und Dijonsenf bestreichen und mit einer Schicht Tomatenscheiben belegen. Auf zwei Brotscheiben den geriebenen Käse verteilen, mit etwas Salz und Pfeffer würzen. Beide Sandwichhälften aufeinandersetzen und vorsichtig festdrücken. Jeweils mit einem scharfen Messer längs oder diagonal halbieren.

Besonders Kinder mögen es gerne, wenn der Käse auf dem Sandwich vor dem Zusammenklappen noch kurz im Backofen geschmolzen wird.

SANDWICH

MIT MAKRELE UND PAPRIKA

ZUTATEN für 1 Sandwich
1 kleine Zwiebel
1 rote Gemüsepaprika
1 EL Öl, 40 ml Wasser
Salz
2 Scheiben Sandwich- oder Kastenbrot
2 EL ARTISAN-Mayonnaise (Seite 24)
4 dünne Scheiben geräucherte Makrele

NÄHRWERTE pro Portion

kcal	kJ	Eiweiß	Fett	Kohlen-hyd.
658	2751	19	47	40

1. Die Zwiebel schälen und in feine Ringe schneiden.

2. Die Gemüsepaprika waschen, vom Strunk, weißen Trennwänden und Kernen befreien und ebenfalls in Ringe scheiden.

3. Das Öl in einer Pfanne erhitzen. Zwiebel- und Paprikaringe bei mittlerer Hitze anbraten und das Wasser dazugießen. Salzen und bei sanfter Hitze ohne Pfannendeckel weich dünsten.

4. Beide Brotscheiben mit Mayonnaise bestreichen. Auf einer Scheibe Zwiebeln und Paprika verteilen. Die Makrelenscheiben darübergeben und die zweite Brotscheibe darauflegen, vorsichtig festdrücken. Das Sandwich mit einem scharfen Messer längs oder diagonal durchschneiden.

SANDWICH

MIT KRÄUTERQUARK

ZUTATEN für 1 Sandwich
2 EL Quark
2 EL frisch gehackte Petersilie
1-2 EL frisch gehackter Basilikum
1 EL Olivenöl, Salz
Pfeffer aus der Mühle
2 Scheiben Sandwich- oder Kastenbrot
2-3 Scheiben Käse
12 Scheiben Salatgurke

NÄHRWERTE pro Portion

kcal	kJ	Eiweiß	Fett	Kohlen-hyd.
418	1748	17	25	31

1. Den Quark mit Petersilie, Basilikum, Olivenöl, Salz und Pfeffer verrühren. Beide Brotscheiben damit bestreichen. Eines der Brote zuerst mit Käse, dann mit Gurkenscheiben belegen. Das zweite Brot darauflegen und vorsichtig etwas festdrücken. Mit einem scharfen Messer diagonal oder der Länge nach halbieren.

ARTISAN-MAYONNAISE

ZUTATEN für 250 ml
1 Eigelb
Salz
1 TL Senf
2 TL Essig
125 ml geschmacksneutrales
Pflanzenöl, z. B. Sonnenblumenöl

NÄHRWERTE pro Portion

kcal	kJ	Eiweiß	Fett	Kohlen-hyd.
1177	4928	3	131	0

1. Das Eigelb mit Salz, Senf und Essig im Mixer verquirlen. Nach und nach das Pflanzenöl dazugießen, anfangs tröpfchenweise, dann langsam mehr. Dabei weiter mit dem Mixer rühren, bis eine homogene Mischung entsteht. Sollte die Masse zu fest werden, etwas Essig nachgießen.

2. Die Mayonnaise ist im Kühlschrank 2 Tage haltbar, wenn sie sofort in ein sauberes, luftdichtes Schraubglas gefüllt wird und nur mit sauberem Küchenbesteck in Kontakt kommt.

SANDWICH

MIT KNUSPERSPECK UND AVOCADOPÜREE

ZUTATEN für 1 Sandwich
4 Scheiben Bauchspeck
1 reife Avocado
1 EL Quark
1 EL Olivenöl
Salz
Pfeffer aus der Mühle
1 Tomate
2 Scheiben Sandwich- oder Kastenbrot

NÄHRWERTE pro Portion

kcal	kJ	Eiweiß	Fett	Kohlen-hyd.
654	2742	16	49	38

1. In einer Pfanne den Bauchspeck ohne weitere Fettzugabe bei mittlerer Hitze langsam braten, bis das Fett geschmolzen ist und der Speck kross wird.

2. Die Avocado längs halbieren, den Kern entfernen und das Fruchtfleisch mithilfe eines Löffels aus der Schale lösen. In einer kleinen Schüssel mithilfe einer Gabel zerdrücken und mit Quark, Olivenöl, Salz und Pfeffer mischen.

3. Die Tomate waschen und in Scheiben schneiden.

4. Beide Brotscheiben mit dem Avocadopüree bestreichen. Ein Brot zuerst mit den Tomatenscheiben, dann mit dem Speck belegen. Die zweite Brothälfte daraufsetzen und das Sandwich mit einem scharfen Messer in zwei oder mehrere Teile schneiden.

VOLLKORN-SANDWICH

MIT FRISCHKÄSE UND LACHS

ZUTATEN für 2 Sandwiches
3 EL Olivenöl
100 g grätenloses Lachsfilet
150 g Hüttenkäse
Salz
Pfeffer aus der Mühle
2 EL frisch gehackter Dill
1 TL Zitronensaft
1 Msp. unbehandelte Zitronenschale
4 Scheiben Vollkornbrot
Gurkenscheiben

NÄHRWERTE pro Portion

kcal	kJ	Eiweiß	Fett	Kohlenhyd.
485	2033	27	23	42

1. In einer Pfanne 1 EL Olivenöl erhitzen und das Lachsfilet bei starker Hitzezufuhr 2 Minuten auf der Hautseite anbraten. Zugedeckt bei niedriger Hitze etwa 8 Minuten ohne Wenden fertig garen lassen.

2. Währenddessen den Hüttenkäse in einer Schüssel mit 2 EL Olivenöl, Salz, Pfeffer, Dill, Zitronensaft und -schale vermischen. Den Lachs etwas abkühlen lassen und mithilfe von 2 Gabeln in kleine Stücke reißen. Unter den Hüttenkäse heben und abschmecken.

3. Jeweils eine Brotscheibe dick mit der Creme bestreichen, mit dünnen Gurkenscheiben belegen und die beiden Sandwichhälften zusammenklappen.

ARTISAN-BURGER

Dieser Burger hat mit „Fast Food" nichts zu tun: Er wird mit guten, frischen und vielfältigen Zutaten zubereitet – und natürlich mit Liebe! Die Zubereitung dauert gar nicht lange, und dennoch entsteht dabei ein herrlich leckeres Essen. Mein Favorit dafür ist Lammfleisch, aber auch jedes andere Hackfleisch passt dazu. Die Feinheiten sind vor allem die Gewürze und die Quinoasamen, die beim Kochen aufplatzen und den Burger so schön locker machen.

ZUTATEN für 4 Burger

25 g Quinoa
1 große Zwiebel
2 Knoblauchzehen
5 EL Olivenöl
4 EL ARTISAN-Mayonnaise (Seite 24)
4 EL Ketchup
4 Salatblätter
1 Tomate
1 Stück Salatgurke (ca. 4 cm)
4 kleinere Brötchen
500 g Hackfleisch (z. B. vom Lamm)
1 Ei
Salz
Pfeffer aus der Mühle
2 TL getrockneter Rosmarin
2 EL frisch gehackte Minze
6-8 EL Zwiebel-, Tomaten- oder Mango-Chutney nach Geschmack
4 dünne Scheiben milder Käse (z. B. Gouda)

NÄHRWERTE pro Portion

kcal	kJ	Eiweiß	Fett	Kohlenhyd.
689	2882	33	49	30

1. Quinoa in einem Sieb unter fließendem Wasser waschen. Laut Packungsangabe 15 bis 20 Minuten in kochendem Wasser zugedeckt garen lassen.

2. Die Zwiebel schälen, 4 bis 8 feine Ringe abschneiden und beiseitelegen. Die restliche Zwiebel klein würfeln und mit dem geschälten, fein gehackten Knoblauch in 1 EL Olivenöl glasig anschwitzen, dann von der Hitze nehmen.

3. In einer kleinen Schüssel die Mayonnaise mit dem Ketchup verrühren.

4. Die Salatblätter waschen und trocken schleudern. Die Tomate waschen und in dünne Scheiben schneiden. Die Salatgurke waschen und mit dem Sparschäler der Länge nach in Scheiben schneiden.

5. Die Brötchen bei 50 °C im Backofen aufbacken.

6. Quinoa in ein Sieb abschütten, abtropfen lassen und zusammen mit dem Hackfleisch, dem Zwiebel-Knoblauch-Gemisch, Ei, Salz, Pfeffer, Rosmarin und Minze sorgfältig vermischen. Aus dem Teig mit den Händen 4 flache Frikadellen formen. In einer Pfanne mit 4 EL Olivenöl bei mittlerer Hitze auf beiden Seiten kräftig anbraten.

7. Die aufgebackenen Brötchen aufschneiden und mit dem Chutney bestreichen. Auf die Unterseite der Reihe nach Käse, Salat, Zwiebelringe, Frikadelle, Gurke und Tomate legen und mit der Ketchup-Mayo-Soße abschließen. Die Brötchenhälften zusammenklappen. Für den Transport gleich in Papier oder Folie einwickeln und mit einer Serviette zusammen in einen Behälter packen.

LIPTAUER BROTAUFSTRICH

Dieser Aufstrich verleiht den verschiedensten Brotsorten das gewisse Etwas. Ich mag ihn am liebsten zusammen mit Pumpernickel oder Roggenbrot und einem Glas trockenen Weißwein.

ZUTATEN für ca. 300 g

80 g zimmerwarme Butter
250 g Quark
1 Zwiebel
1 Knoblauchzehe
8-10 kleine Essiggurken
3 TL edelsüßes Paprikapulver
1 TL gemahlener Kümmel
½ TL Salz
1 EL Schnittlauchröllchen

NÄHRWERTE pro Portion

kcal	kJ	Eiweiß	Fett	Kohlenhyd.
794	3320	35	67	12

1. Die weiche Butter mithilfe einer Gabel unter den Quark mischen.

2. Zwiebel und Knoblauch schälen, beides sehr fein hacken. Zusammen mit den klein gewürfelten Essiggurken, dem Paprikapulver, Kümmel und Salz unter den Quark heben und mit den Schnittlauchröllchen bestreuen.

3. Luftdicht verschlossen ist der Aufstrich einige Tage im Kühlschrank haltbar.

GRASGRÜNE GRIESSNOCKERL

MIT KOHLRABI

Diese Grießnockerl erhalten durch die kräftig hellgrüne Farbe der Erbsen einen appetitlichen Frischekick. Damit holen Sie sich das Frühlingsgrün der Natur direkt auf den Teller! Zusammen mit den Kohlrabis sind die Nockerl im Handumdrehen zubereitet.

ZUTATEN für 2 Portionen

200 ml Wasser
100 g Weizengrieß
150 g Erbsen
1 Knoblauchzehe
2 EL frisch gehackte Petersilie
Salz
2 Kohlrabis
2-3 EL Sonnenblumenöl
2 EL Olivenöl
1 EL frisch gehackter Dill

NÄHRWERTE pro Portion

kcal	kJ	Eiweiß	Fett	Kohlen-hyd.
428	1789	10	23	44

Für die grünen Grießnockerl lassen sich auch andere weich gekochte und fein pürierte Gemüsearten verwenden, beispielsweise Bärlauch oder Spinat. Dabei das Gemüse mit möglichst wenig Wasser garen und gut abtropfen lassen, damit die Nockerl nicht auseinanderfallen.

1. Das Wasser zum Kochen bringen und den Grieß einrühren. Den Topf vom Herd nehmen und den Grieß zugedeckt etwas ziehen lassen.

2. Bei der Verwendung von frischen Erbsen diese aus den Hülsen palen. Frische oder tiefgekühlte Erbsen in einer Schüssel mit kochendem Wasser übergießen, etwa 3 Minuten ziehen lassen und in einem Sieb abtropfen lassen.

3. Die Knoblauchzehe schälen, grob hacken und zusammen mit Erbsen, Petersilie und Salz kurz pürieren. Ist das Püree zu trocken, noch etwas Wasser dazugießen (ca. 2 cl). Dann das Erbsenpüree gründlich mit dem Grieß vermengen, und die Mischung etwa 30 Minuten ruhen lassen.

4. Die Kohlrabis schälen und nach Wahl in Scheiben oder Stifte schneiden.

5. Das Sonnenblumenöl in einer Pfanne erhitzen. Die Kohlrabis langsam bei niedriger Temperatur darin garen lassen, bis sie glasig, aber noch bissfest sind. Etwas salzen.

6. Das Olivenöl mit dem Dill vermischen.

7. Aus dem Püree mithilfe von zwei Esslöffeln kleine Nockerl formen. In erhitztes, nicht kochendes Wasser geben und etwa 3 Minuten ziehen lassen. Vorsichtig herausnehmen, auf die Kohlrabis geben und mit etwas Dillöl beträufeln.

PIKANTER GERSTENSALAT

MIT SPARGEL UND MOZZARELLA

ZUTATEN für 2-3 Portionen

75 g Gerste
30 g Hirse
3 kleine Frühlingszwiebeln
½ Zitrone
1 Chilischote
150 g weißer oder grüner Spargel
7 EL Olivenöl
125 g Mozzarella
Salz
Pfeffer aus der Mühle
2 EL frisch gehackte Petersilie
1 EL frisch gehackter Dill
einige Blättchen Basilikum

NÄHRWERTE pro Portion

kcal	kJ	Eiweiß	Fett	Kohlenhyd.
675	2825	19	50	39

1. Gerste und Hirse in einem Sieb unter fließendem Wasser waschen, getrennt oder zusammen in kochendem Wasser nach Packungsanleitung weich garen (siehe Tipp).

2. Die Frühlingszwiebeln putzen, waschen und fein hacken. Die Zitrone halbieren und mit einem scharfen Messer schälen. Das Fruchtfleisch in kleine Würfel schneiden.

3. Die Chili waschen, längs halbieren, vom Stiel befreien, nach Wunsch entkernen und in feine Ringe schneiden.

4. Je nach Verwendung den grünen Spargel waschen oder den weißen Spargel schälen, die holzigen Enden jeweils abscheiden.

5. Etwa 3 EL Olivenöl in einer Pfanne erhitzen und die Spargelstangen mit dem Chili bei mittlerer Hitze ca. 10 Minuten anbraten, bis der Spargel noch bissfest, aber weich ist. Dabei mehrmals wenden und zuletzt etwas salzen.

6. Gerste und Hirse abgießen, in eine Schüssel geben und zum Abkühlen gelegentlich durchrühren.

7. Den Mozzarella in Scheiben oder Würfel schneiden. Frühlingszwiebeln und das Fruchtfleisch der Zitrone mit dem Chili aus der Pfanne und etwas Salz unter die Gerste-Hirse-Mischung rühren.

8. Auf einen Teller oder in einen Behälter geben, darauf den Mozzarella verteilen und obenauf den Spargel legen. 4 EL Olivenöl mit Salz, Pfeffer, Petersilie, Dill und Basilikum verrühren und das Dressing über den Spargel träufeln.

Auch wenn die Hirse meist eine etwas kürzere Garzeit benötigt, kann man sie gut zusammen mit der Gerste kochen.

GEMÜSESUPPE

MIT AMARANTH

Amaranth ist genau das Richtige, um unseren Körper im Frühjahr mit wichtigen Vitalstoffen zu versorgen. Die kleinen Körnchen verfügen über beachtliche Mengen an Zink, Eisen, Magnesium und Kalzium. Das „Pseudogetreide" besitzt zudem weitaus mehr Eiweiß als die meisten Getreidesorten und ist glutenfrei. Auch der feine, nussige Geschmack ist bemerkenswert.

ZUTATEN für 2 Portionen

½ Stange Lauch
1 Knoblauchzehe
1 Karotte
1 EL Olivenöl
700 ml Wasser
4 Blätter frischer oder 1 EL getrockneter Liebstöckel
Salz
100 g Amaranth
Schnittlauchröllchen

NÄHRWERTE pro Portion

kcal	kJ	Eiweiß	Fett	Kohlenhyd.
275	1152	9	9	40

1. Den Lauch putzen, in feine Ringe schneiden, waschen und abtropfen lassen. Den Knoblauch schälen und fein hacken. Die Karotte putzen, schälen oder mit der Gemüsebürste waschen und grob raspeln.

2. Das Olivenöl in einem Topf erhitzen. Lauch, Karotte und Knoblauch unter ständigem Rühren einige Minuten anbraten, dann mit dem Wasser aufgießen. Liebstöckel und Salz dazugeben und die Suppe 20 Minuten bei niedriger Hitze köcheln lassen.

3. Den Amaranth in einem Sieb unter fließendem Wasser waschen. In Wasser aufkochen und nach Packungsanleitung ca. 20 Minuten zugedeckt sanft köcheln lassen, dabei gelegentlich umrühren. Mit Salz abschmecken.

4. In jede Suppenschale 2 bis 3 EL Amaranth geben und mit der Suppe übergießen. Mit Schnittlauchröllchen garnieren.

KARTOFFELSALAT

MIT FRÜHLINGSGEMÜSE

Ich freue mich jedes Jahr über die ersten neuen Kartoffeln und esse sie gerne mit Schale – pur, mit Butter und Salz oder mariniert.

ZUTATEN für 2 Portionen

8 kleine neue Kartoffeln
50 g Brokkoli
50 g Zuckererbsen
4 EL Olivenöl
3 EL Joghurt
2 TL ARTISAN-Mayonnaise (Seite 24)
½ TL Dijonsenf
Salz, Pfeffer
1 Frühlingszwiebel
2 EL frisch gehackter Dill
3 EL Schnittlauchröllchen
2 Handvoll Blattsalat (z. B. Rucola, junger Spinat)

NÄHRWERTE pro Portion

kcal	kJ	Eiweiß	Fett	Kohlenhyd.
465	1949	8	29	42

1. Die Kartoffeln schälen und jeweils in ca. 4 Spalten schneiden. In kochendem Salzwasser 10 bis 15 Minuten weich garen.

2. Den Brokkoli waschen, putzen und in kleine Röschen teilen. Die Zuckererbsen waschen, die spitzen Enden abschneiden und dabei vorhandene Fäden abziehen. Brokkoli und Erbsen in einer Pfanne mit 2 EL Olivenöl bei mittlerer Hitze langsam garen lassen, bis das Gemüse noch bissfest, aber weich ist.

3. In einer Schüssel Joghurt, Mayonnaise, 2 EL Olivenöl, Senf, Salz und Pfeffer gut verrühren. Die Frühlingszwiebel putzen, waschen und fein hacken, zusammen mit Dill und Schnittlauch zum Dressing geben. Kartoffeln, Brokkoli, Zuckererbsen und Blattsalat mit dem Dressing vermischen und abschmecken.

Wer mag, kann der Marinade mit etwas Essig noch eine säuerliche Note verleihen.

SOMMER

PASTINAKEN-CHIPS

MIT LINSEN UND ROTER BETE

Genuss mit allen Sinnen: Intensive Farben und Kontraste für das Auge treffen auf süße und würzig-saure Aromen. Das Knacken der krossen „Chips" macht zusätzlich Spaß. Mit den Fingern essen ist ausdrücklich erlaubt!

ZUTATEN für 2 Portionen

1-2 Pastinaken
250 g Rote Bete
1 Zwiebel
2 Knoblauchzehen
2-3 Zweige Thymian
1 EL abgeriebene unbehandelte Zitronenschale
Salz
Pfeffer aus der Mühle
3-4 EL Olivenöl
100 g Linsen
3-4 EL Essig
1-2 EL frisch gehackte Petersilie
etwas frischer Meerrettich

NÄHRWERTE pro Portion

kcal	kJ	Eiweiß	Fett	Kohlenhyd.
455	1906	16	19	53

1. Den Backofen auf 200 °C vorheizen. Die Pastinaken putzen, mit der Gemüsebürste waschen und mit einem Sparschäler rundherum feine Späne abschälen. Die Rote Bete ebenfalls säubern und gründlich mit der Gemüsebürste waschen. Mit Schale in Spalten schneiden (ca. 0,5 cm dick). Dabei evtl. Einmalhandschuhe tragen, um ein Abfärben zu vermeiden.

2. Die Zwiebel schälen und in Ringe schneiden, den Knoblauch schälen und in feine Scheiben oder Stücke schneiden. Rote Bete, Zwiebeln und Knoblauch in einer Backform vermischen und mit den klein gehackten Thymianblättchen bestreuen. Die Pastinakenspäne darüber verteilen, mit Salz und Pfeffer würzen und mit dem Olivenöl beträufeln. Im Backofen etwa 30 Minuten garen lassen. Dabei darauf achten, dass die Pastinaken-Chips kross, aber nicht zu dunkel werden: Bei Bedarf die Hitze auf 160 °C zurücknehmen.

3. Die Linsen in ein Sieb geben, unter fließendem Wasser waschen und abtropfen lassen. Nach Packungsangabe gar kochen. Mit Essig, Salz und Petersilie vermischen. Zuletzt nach Geschmack etwas Meerrettich über die Rote Bete reiben.

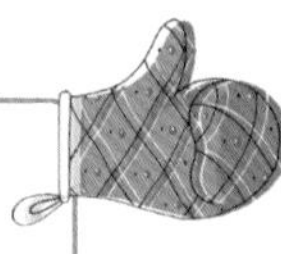

Dieses Rezept lässt sich ebenso kalt wie warm genießen, das Ofengemüse passt auch gut zu Fleischgerichten. Den Linsensalat können Sie zusätzlich mit Olivenöl oder Schafskäse anreichern.

MANGOLDAUFLAUF

MIT MOHN

ZUTATEN für 2 Portionen

4 Kartoffeln
Salz
Pfeffer aus der Mühle
3 EL Olivenöl
800 g Mangold
2 Knoblauchzehen
200 ml Sahne
3 EL Mohn
1 TL frisch gemahlene Muskatnuss

NÄHRWERTE pro Portion

kcal	kJ	Eiweiß	Fett	Kohlen-hyd.
720	3019	18	51	45

1. Den Backofen auf 200 °C vorheizen. Die Kartoffeln schälen und in Scheiben schneiden. Dachziegelartig in eine Auflaufform schichten, salzen, pfeffern und mit 1 EL Olivenöl beträufeln. Im Backofen etwa 30 Minuten backen, nach 10 Minuten 40 ml Wasser darübergießen.

2. Den Mangold vom Strunk und braunen Stellen befreien, waschen. Die Blätter längs in der Mitte durchschneiden und mit Stielen in kleine Stücke schneiden. Knoblauch schälen und fein hacken, in einer Pfanne mit 2 EL Olivenöl unter Rühren anbraten.

3. Den Mangold zugeben und zugedeckt ca. 15 Minuten sanft garen lassen. In einer kleinen Schüssel die Sahne mit Mohn, Muskatnuss und Salz vermischen.

4. Den Mangold über den Kartoffeln verteilen und mit dem Sahnegemisch übergießen. Den Auflauf ca. 20 Minuten fertig backen, bis die Flüssigkeit von den Kartoffeln aufgesaugt und ein knuspriger brauner Rand zu sehen ist.

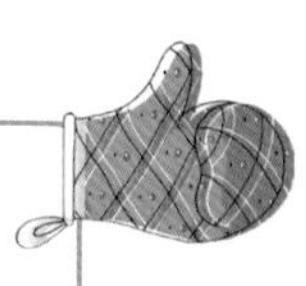

Zu diesem Auflauf esse ich gerne ein Butterbrot mit einem würzigen Bergkäse oder einen bunten Blattsalat.

WRAPS MIT ENTE

UND PFIRSICH

ZUTATEN für 4 Portionen

8 Salatblätter (z. B. Kopfsalat oder Eisbergsalat)
2 Pfirsiche
200 g Quark
150 g Frischkäse
3–4 EL Orangensaft
1 TL Garam Masala
Salz
Pfeffer aus der Mühle
350 g geräucherte Entenbrust
4 Tortilla-Wraps (Fertigprodukt oder Rezept Seite 76)

NÄHRWERTE pro Portion

kcal	kJ	Eiweiß	Fett	Kohlenhyd.
482	2015	30	30	23

1. Die Salatblätter waschen und trocken schleudern. Die Pfirsiche waschen, halbieren, den Kern herauslösen und das Fruchtfleisch in Spalten schneiden. Den Quark mit Frischkäse und Orangensaft glatt rühren. Mit Garam Masala, Salz und Pfeffer abschmecken.

2. Die Entenbrust in dünne Scheiben schneiden. Wraps frisch zubereiten oder als Fertigprodukt nach Wunsch in einer Pfanne ohne Fett von jeder Seite 1 bis 2 Minuten erwärmen. Jeweils mit der Quarkcreme bestreichen, mit Entenbrust, Salat und Pfirsichspalten belegen und fest zusammenrollen.

3. Zum Mitnehmen mit einem scharfen Messer in handliche Stücke schneiden und jeweils mit einem Zahnstocher oder einem hübschen Band fixieren.

SOMMER-CURRY

MIT BLUMENKOHL UND BULGUR

Ich liebe den Duft von angerösteten Zwiebeln, Knoblauch, Ingwer und Koriander. Es riecht so appetitanregend, dass ich den Genuss kaum abwarten kann. Bei diesem Rezept habe ich Glück – weil es so schnell zubereitet ist.

ZUTATEN für 2 Portionen

1 kleine Zwiebel
1 cm Ingwer
2 Knoblauchzehen
3 Stängel Koriander
2-3 EL Olivenöl
2 TL Currypulver
400 ml Kokosmilch
1 kleiner Blumenkohl
Salz
100 g Erbsen
100 g Bulgur
1 Stängel Pfefferminze

NÄHRWERTE pro Portion

kcal	kJ	Eiweiß	Fett	Kohlen-hyd.
389	1624	14	15	50

1. Zwiebel, Ingwer und Knoblauchzehen schälen und fein würfeln. Mit den fein gehackten Korianderstängeln zusammen in einem Topf mit Olivenöl anschwitzen. Das Currypulver darüber stäuben und mit der Kokosmilch ablöschen, bei niedriger Hitze zugedeckt köcheln lassen.

2. Den Blumenkohl in kleine Röschen teilen, waschen und dazugeben. Salzen und etwa 5 Minuten mitköcheln lassen. Den Topf vom Herd ziehen und die ausgepalten Erbsen oder TK-Erbsen dazugeben, einige Minuten zugedeckt ziehen lassen.

3. Den Bulgur waschen und in einer Schüssel mit heißem Wasser übergießen, umrühren und zugedeckt 5 bis 10 Minuten ziehen lassen.

4. Die Pfefferminzblätter vom Stängel zupfen, waschen und trocken tupfen. In feine Streifen schneiden, unter den Bulgur mischen und mit Salz abschmecken.

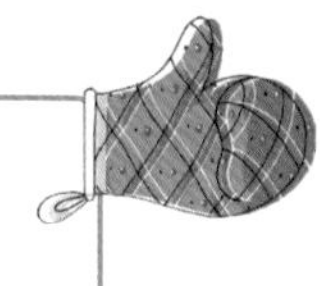

Pikant wird das Curry, wenn Sie eine geputzte, in feine Ringe geschnittene Chilischote zusammen mit Zwiebel, Ingwer und Knoblauch anbraten.

AUBERGINENCREME

ZUTATEN für ca. 250 g
1 mittelgroße Aubergine
1 Knoblauchzehe
½ frische Chilischote
3-4 Blätter frische Minze oder
1-2 TL getrocknete Minze
Saft von ½ Zitrone
2 EL Naturjoghurt
½ TL Kreuzkümmel
½ TL Kurkuma
Salz
2 EL Olivenöl

NÄHRWERTE pro Portion

kcal	kJ	Eiweiß	Fett	Kohlen-hyd.
257	1080	5	22	10

1. Den Backofen auf 200 °C vorheizen. Die Aubergine waschen und mehrfach mit einer Gabel einstechen. In eine Auflaufform oder in einen Bräter legen, mit einem Deckel verschließen und etwa 30 Minuten backen. Etwas abkühlen lassen, halbieren und das Fruchtfleisch mit einem Löffel aus der Schale lösen. In einer Schüssel mithilfe einer Gabel zerdrücken.

2. Den Knoblauch schälen und fein hacken, die Chilischote vom Stiel befreien und in sehr feine Stücke schneiden. Frische Pfefferminzblätter waschen und fein hacken.

3. Alle Zutaten in einer Schüssel verrühren und im Mixer oder mit dem Pürierstab zu einer feinen Creme pürieren. In einem luftdichten Gefäß im Kühlschrank ist die Creme etwa 1 Woche haltbar.

CIABATTA

MIT AUBERGINENCREME UND MOZZARELLA

ZUTATEN für 1 Sandwich
1 großes Ciabatta-Brötchen
(ca. 10-15 cm lang)
1 Tomate
100 g Mozzarella
6 EL Auberginencreme
3 Salatblätter
Salz
Pfeffer aus der Mühle
8-10 Scheiben
Salatgurke

NÄHRWERTE pro Portion

kcal	kJ	Eiweiß	Fett	Kohlen-hyd.
471	1977	24	25	36

1. Das Ciabatta-Brötchen der Länge nach aufschneiden. Auf dem Toaster oder im Backofen knusprig aufbacken, dann auskühlen lassen. Die Tomate waschen und mit dem Mozzarella in Scheiben schneiden.

2. Beide Brothälften großzügig mit der Auberginencreme bestreichen. Auf der Unterseite die gewaschenen und trocken geschleuderten Salatblätter verteilen.

3. Darüber die Tomate schichten, salzen und pfeffern. Darauf die Mozzarellascheiben legen und mit den Gurkenscheiben abschließen. Beide Sandwichhälften aufeinandersetzen.

HUHN IM PAPIER

Dieses lecker gewürzte Hühnerfleisch wird einfach in einem Stück Backpapier eingeschnürt, gebacken – und mitgenommen oder gleich vernascht. Fisch lässt sich auf dieselbe einfache Art zubereiten.

ZUTATEN für 2 Portionen

1 rote Zwiebel oder Frühlingszwiebel
1 kleine Zucchini
1 EL gemischte Gewürze (z. B. Rosmarin, Zitronenmelisse, Oregano)
2 Stücke vom Huhn à 150 g (Brust oder Keule)
Saft von ½ Zitrone
Salz
Pfeffer aus der Mühle

NÄHRWERTE pro Portion

kcal	kJ	Eiweiß	Fett	Kohlenhyd.
277	1159	32	15	3

1. Den Backofen auf 200 °C vorheizen. Die Zwiebel schälen und in feine Ringe schneiden, die Frühlingszwiebel putzen, waschen und in feine Ringe schneiden. Die Zucchini waschen und in dünne Scheiben schneiden. Frische Gewürze fein hacken.

2. Aus Backpapier zwei ausreichend große Quadrate ausschneiden, jeweils ein Stück Huhn mittig darauf platzieren. Die Gewürze, Zucchinischeiben und Zwiebelringe darüber verteilen, mit dem Zitronensaft marinieren und mit Salz und Pfeffer würzen.

3. Die vier Ecken vom Backpapier jeweils nach oben zusammenführen und mit einem Küchengarn fest zusammenbinden. Die Keulen etwa 40 Minuten, Hühnerbrüste etwa 20 Minuten auf einem Blech im vorgeheizten Backofen garen lassen.

Dazu schmeckt ein Stück Weißbrot: Man tunkt es einfach in den Bratensaft, der sich im Papier gebildet hat. Ich esse das Huhn auch gerne kalt – wer das nicht mag, wickelt es zusätzlich in Alufolie oder packt es in einen isolierenden Behälter.

ASIATISCHER TOMATENSALAT

Auf den Wochenmärkten kaufe ich bei Gelegenheit gerne alte oder ungewöhnliche Tomatensorten. In ihrer Vielfalt besitzen sie ganz eigene Geschmacksnoten. Auch ein neuartiges Salatdressing sorgt leicht für Abwechslung auf dem Teller:

ZUTATEN für 2 Portionen

4 große Salatblätter
1-2 Stängel frischer Koriander
ca. 1 cm Ingwer
2 EL Sonnenblumenöl
Saft von ½ Zitrone
1 EL Sojasoße oder Salz
½ TL Dijonsenf
4 Tomaten
2-4 Scheiben Weißbrot
1-2 EL Butter
Rosmarin

NÄHRWERTE pro Portion

kcal	kJ	Eiweiß	Fett	Kohlenhyd.
260	1092	5	17	20

1. Die Salatblätter mit dem Koriandergrün waschen und trocken schleudern. Den Ingwer schälen und fein reiben. In einer Schüssel mit Sonnenblumenöl, Zitronensaft, Sojasoße, Senf und dem klein gehackten Koriander gut verrühren.

2. Die Tomaten waschen, halbieren und den Strunk entfernen. Klein würfeln und mit dem Dressing vermischen. Die Salatblätter aufeinanderlegen, einrollen und in Ringe schneiden. In eine Schüssel schichten und die Tomaten daraufsetzen.

3. Das Weißbrot toasten, noch warm mit Butter bestreichen, mit Rosmarin bestreuen und dazu reichen.

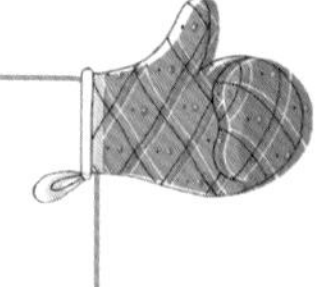

Zum Mitnehmen die Tomatenwürfel zunächst in einem Sieb abtropfen lassen. Das Dressing in ein Schraubdeckelglas füllen und erst vor dem Verzehr mit den Tomaten vermischen.

KALTE GURKENSUPPE

ZUTATEN für 2 Portionen
½ Salatgurke
200 g Naturjoghurt
1 EL Zitronensaft
1 EL frisch gehackte Petersilie
Salz
Pfeffer aus der Mühle
1 EL frisch gehackter Dill
2 Msp. unbehandelte Zitronenschale

NÄHRWERTE pro Portion

kcal	kJ	Eiweiß	Fett	Kohlenhyd.
83	346	5	4	6

1. Die Gurke schälen und klein würfeln. Zusammen mit dem Naturjoghurt, Zitronensaft, Petersilie, Salz und Pfeffer pürieren. In zwei Suppentassen oder Schraubgläser füllen, mit Dill und Zitronenschale garnieren.

BAGUETTE

MIT PFIFFERLINGEN UND FRISCHEM MAJORAN

ZUTATEN für 2 Portionen
200 g Pfifferlinge
50 g Champignons
1 kleine Zwiebel
1 EL Butter
4 EL Olivenöl
Salz
Pfeffer aus der Mühle
2–3 Stängel Majoran
2 Stücke Baguette

NÄHRWERTE pro Portion

kcal	kJ	Eiweiß	Fett	Kohlenhyd.
409	1709	10	26	35

1. Die Pfifferlinge sorgfältig mit einem kleinen Messer säubern, die Champignons ebenfalls putzen, dabei die Stiele bei Bedarf einkürzen. Pfifferlinge je nach Größe vierteln oder halbieren, Champignons in Scheiben schneiden. Die Zwiebel schälen und fein würfeln. Butter und 2 EL Olivenöl in einer Pfanne erhitzen, die Zwiebelwürfel bei mittlerer Hitze darin anbraten. Die Pfifferlinge hinzufügen und etwa 6 Minuten unter gelegentlichem Rühren garen lassen.

2. Den Backofen auf 50 °C vorheizen. Die Majoranblättchen von den Stängeln zupfen und je nach Größe kleiner reißen oder schneiden. Mit den Champignons zu den Pfifferlingen geben und noch einige Minuten mitbraten, dann salzen und pfeffern.

3. Die Baguettestücke einige Minuten im vorgeheizten Backofen aufbacken. Dann beide Brotstücke in der Mitte aufschneiden, ohne sie ganz durchzuschneiden (siehe Bild). Jeweils die Unter- und Oberseite mit insgesamt 1 EL Olivenöl beträufeln. Die Pilzmischung darauf verteilen und mit etwas gehacktem Majoran garnieren.

SALAT MIT AVOCADO,

TOMATEN UND MOZZARELLA

ZUTATEN für 2 Portionen
2 reife Avocados
250 g Mozzarella
8-10 Cocktailtomaten
8-10 Basilikumblätter
1-2 EL Olivenöl
1 TL Zitronensaft oder Essig
Salz
Pfeffer aus der Mühle

NÄHRWERTE pro Portion

kcal	kJ	Eiweiß	Fett	Kohlen-hyd.
698	2926	25	62	12

1. Die Avocados halbieren und die beiden Kerne entfernen. Mithilfe eines Teelöffels das Fruchtfleisch in kleinen Kugeln herauslösen, auf einen Teller oder in einen Behälter legen.

2. Die Cocktailtomaten waschen, entstielen, je nach Größe halbieren oder vierteln und dazugeben. Den Mozzarella mit den Händen in kleine Stücke reißen und darüber verteilen.

3. Aus Olivenöl, Zitronensaft, Salz und Pfeffer ein Dressing anrühren und über Avocadokugeln, Tomaten und Mozzarella träufeln. Die Basilikumblätter in feine Streifen schneiden und den Salat damit garnieren.

Kochprofis und Liebhaber von essbaren Kugeln verwenden einen Kugelausstecher, um den Avocadokugeln eine perfekte Form zu verleihen. Auch aus Melonen, Kartoffeln oder Butter lassen sich damit dekorative Häppchen zaubern.

NEKTARINENSALAT

MIT SCHAFSKÄSE

Hier trifft die Süße der Frucht auf den salzigen Schafskäse. Beim Dressing dürfen Sie das Olivenöl ruhig großzügig verwenden: Zum Salat gibt es frisches Baguette zum Dippen – dann kommen Teller und Behälter blitzblank zurück.

ZUTATEN für 2 Portionen

2 Nektarinen
100 g Schafskäse
1 EL Rosmarin
1 EL frisch gehackte Petersilie oder Basilikum
Salz
Pfeffer aus der Mühle
2–3 EL Olivenöl
1 EL Balsamico

NÄHRWERTE pro Portion

kcal	kJ	Eiweiß	Fett	Kohlen-hyd.
325	1359	9	25	16

1. Die Nektarine putzen, waschen und trocken tupfen. Mit Schale in Spalten schneiden und auf einen flachen Teller oder in einen breiten, flachen Behälter geben.

2. Den Schafskäse mit den Händen in kleine Stücke brechen und über den Früchten verteilen. Mit Rosmarin, Petersilie, Salz und Pfeffer würzen. Mit Olivenöl und Balsamico beträufeln.

Statt Nektarinen passen auch reife, süße Feigen oder Pfirsiche sehr gut. Als Alternative zum Schafskäse bietet sich Mozzarella an. Wer mag, verwendet zusätzlich hauchdünn geschnittene Speckstreifen.

FEINWÜRZIGER BOHNENSALAT

Eine pfiffige und harmonische Gewürzmischung macht aus einem einfachen Gemüse einen erstaunlichen Salat. Dazu passt ein großes Butterbrot, Räucherfisch oder ein Stück kalter Braten – und fertig ist die Mahlzeit.

ZUTATEN für 2 Portionen
400 g grüne Bohnen
2 TL Koriandersamen
2 TL Schwarzkümmel
2 EL Sesamsamen
1 rote Zwiebel
2 Knoblauchzehen
1 Zitrone
2–3 EL Olivenöl
Salz
einige Blätter frischer Basilikum

NÄHRWERTE pro Portion

kcal	kJ	Eiweiß	Fett	Kohlenhyd.
282	1178	8	21	14

1. Die Bohnen unter fließendem Wasser waschen und abtropfen lassen. Die Spitzen auf beiden Seiten knapp abschneiden. Die Bohnen ca. 10 Minuten in gesalzenem Wasser bissfest kochen. Kurz mit Eiswasser abschrecken, um die grüne Farbe zu erhalten.

2. Koriander- und Schwarzkümmelsamen mit dem Sesam zusammen in einen Topf geben. Erhitzen und ohne Fett bei niedriger Hitze unter Rühren anrösten. Die Zwiebel schälen und in feine Ringe oder kleine Würfel schneiden. Den Knoblauch ebenfalls schälen und in Scheiben schneiden.

3. Mit einem scharfen Messer die Schale der Zitrone abschneiden und das Fruchtfleisch klein würfeln. Das Fruchtfleisch zusammen mit Zwiebel, Knoblauch, Olivenöl, Salz und Bohnen in den Topf mit den gerösteten Samen geben und ohne Hitzezufuhr gut durchschwenken. Die Basilikumblätter waschen, fein schneiden und untermischen.

Mischen Sie noch einige schöne rote, in Streifen geschnittene Radicchio-Blätter unter den Bohnensalat – ein optischer und geschmacklicher Hochgenuss!

PIKANTER FENCHELSALAT

Dieses feine Fenchelrezept passt besonders gut zu Fisch, aber auch zu vielen Fleischgerichten. Ich esse am liebsten das Taboulé dazu (Rezept auf Seite 64).

ZUTATEN für 2 Portionen

2 Fenchelknollen
2 Knoblauchzehen
1 Chilischote
3 EL Olivenöl
Saft von ½ Zitrone
Salz
2 EL frisch gehackte Petersilie
einige Salatblätter

NÄHRWERTE pro Portion

kcal	kJ	Eiweiß	Fett	Kohlenhyd.
181	760	3	16	7

1. Die Fenchelknollen waschen, putzen, halbieren und vom Strunk befreien. Die Stängel einkürzen und die Knollen der Länge nach in ca. 1 cm breite Streifen schneiden.

2. Den Knoblauch schälen und in dünne Scheiben schneiden oder durchpressen, die geputzte und gewaschene Chilischote halbieren, nach Geschmack die Kerne entfernen.

3. 2 EL Olivenöl in einer Pfanne erhitzen und die Fenchelstücke mit der Chilischote bei niedriger Temperatur unter Rühren bissfest, aber weich garen. Den Knoblauch zugeben und kurz mitbraten.

4. Die Mischung in ein Gefäß geben, die Chilischote nach Wunsch entfernen. Mit Zitronensaft und 1 EL Olivenöl beträufeln, mit Salz und Petersilie würzen und gut durchmischen. Nach Wunsch mit den gewaschenen, trocken geschleuderten Salatblättern garnieren.

SOMMERFRISCHES TABOULÉ

MIT BUCHWEIZEN

Dieses Taboulé wird mit Buchweizen zubereitet, einem „Pseudogetreide", das voller Nährstoffe steckt und kein Gluten aufweist. Zitrone und Pfefferminze verleihen diesem schnell zubereiteten, aber raffinierten Essen eine herrliche sommerliche Frische.

ZUTATEN für 2 Portionen

70 g Buchweizen
25 g Sultaninen oder Rosinen
Salz
10 schwarze oder grüne Oliven
⅓ Salatgurke
1 Knoblauchzehe
1 Stängel Pfefferminze
2 Stängel Petersilie
½ Bund Schnittlauch
Schale von 1 unbehandelten Zitrone
2 EL Olivenöl
Pfeffer aus der Mühle
150 g Schafskäse

NÄHRWERTE pro Portion

kcal	kJ	Eiweiß	Fett	Kohlenhyd.
493	2066	16	31	36

1. Den Buchweizen mit den Sultaninen zusammen in ausreichend Wasser aufkochen. Bei niedriger Hitze nach Packungsangabe 20 bis 30 Minuten ausquellen lassen und salzen.

2. Die Oliven entkernen und fein hacken. Die Gurke waschen und in kleine Würfel schneiden. Den Knoblauch schälen und fein schneiden.

3. Pfefferminze, Petersilie und Schnittlauch waschen und trocken tupfen. Die abgezupften Blättchen von Pfefferminze und Petersilie fein hacken, den Schnittlauch in Röllchen schneiden.

4. Den gekochten Buchweizen und die Sultaninen durch ein Sieb abgießen und noch warm in einer Schüssel mit Oliven, Gurke, Knoblauch, Pfefferminze, Petersilie, Schnittlauch, Zitronenschale, Öl, Salz und Pfeffer vermischen. Den Schafskäse mit den Händen in kleine Stücke zerbröseln und unterheben.

Ich esse zu diesem Taboulé am liebsten frisch getoastetes Weißbrot, das ich leicht mit einer rohen Knoblauchzehe einreibe.

FRITTERS

MIT KICHERERBSEN UND BRATWURST, DAZU GURKENJOGHURT

ZUTATEN für 2 Portionen

200 g Kichererbsen, Dose
1 Frühlingszwiebeln
1 kleine Knoblauchzehe
125 g Bratwürste, roh
1 kleines Ei
1 EL frisch gehackte Petersilie
Semmelbrösel,
nach Bedarf Salz
Pfeffer, aus der Mühle
Pflanzenöl, zum Braten
1 Tomaten
1 kleine Salatgurke
200 g Joghurt
1 EL frisch geschnittene Minze
1 TL - 1 EL Zitronensaft

NÄHRWERTE pro Portion

kcal	kJ	Eiweiß	Fett	Kohlenhyd.
521	2181	24	35	27

1. Die Kichererbsen in einem Sieb abtropfen lassen, dann fein pürieren. Die Frühlingszwiebel waschen, putzen und fein hacken. Den Knoblauch schälen und fein hacken. Beides zu den Kichererbsen in eine Schüssel geben. Das Brät aus der Pelle drücken und mit dem Ei und der Petersilie unter die Kichererbsen mischen. Nach Bedarf Brösel ergänzen und mit Salz und Pfeffer abschmecken. Aus der Masse kleine Puffer formen und in heißem Öl in einer Pfanne 5–6 Minuten goldbraun braten.

2. Für den Joghurt die Tomate waschen, vierteln, entkernen und klein würfeln. Die Gurke schälen, längs halbieren, die Kerne herausschaben und die Hälften grob raspeln. Den Joghurt mit der Minze verrühren und mit Zitronensaft, Salz und Pfeffer würzen. Die Gurke mit der Tomate untermischen und abschmecken.

3. Die Puffer auf Küchenkrepp abtropfen lassen und mit dem Joghurt servieren.

ORIENTALISCHER BROKKOLISALAT

ZUTATEN für 2 Portionen

½ Zwiebel
2 EL Naturjoghurt
3 EL Olivenöl
2 EL Essig
Salz
Pfeffer aus der Mühle
1 TL Dijonsenf
1 Prise Kreuzkümmel
1 TL Garam Masala
Saft von 1 Zitrone
500 g Brokkoli
200 g Champignons
1 Knoblauchzehe
2 EL Sonnenblumenöl
1 EL Sojasoße
einige Korianderblätter

NÄHRWERTE pro Portion

kcal	kJ	Eiweiß	Fett	Kohlen-hyd.
342	1434	15	27	10

1. Für das Dressing die Zwiebel schälen und in feine Ringe schneiden. In einer Schüssel Naturjoghurt mit Olivenöl, Essig, Salz, Pfeffer, Senf, Kreuzkümmel, Garam Masala und Zitronensaft verrühren. Die Zwiebelringe unterheben und das Dressing einige Zeit ziehen lassen.

2. Die Brokkoliröschen vom Strunk abschneiden und in einem Sieb unter fließendem Wasser waschen. In kochendem Wasser bissfest blanchieren. Die Champignons mit einem Küchenmesser putzen, die Stiele etwas einkürzen und die Pilze halbieren.

3. Den Knoblauch schälen und in feine Scheiben schneiden. Das Sonnenblumenöl in einer Pfanne erhitzen, den Knoblauch dazugeben und die Champignonhälften mit der Schnittseite nach unten in die Pfanne setzen. Bei mittlerer Hitze gut anbraten lassen, dann wenden.

4. Den Brokkoli hinzufügen, mit Sojasoße und 60 ml Wasser aufgießen, zugedeckt 3 bis 4 Minuten dünsten lassen. Das Gemüse mit dem Dressing vermischen und mit einigen Korianderblättern garnieren. Warm oder kalt genießen.

Wer rohe Zwiebelringe nicht mag, brät sie zusammen mit Pilzen und Knoblauch an.

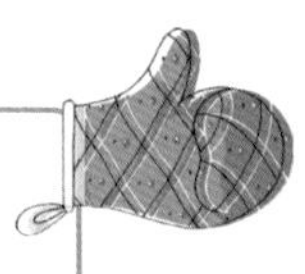

HIRSESCHMARRN

MIT KARAMELLISIERTEM APFEL

Sind Kinder erst einmal auf diesen Geschmack gekommen, dann lieben sie den Hirseschmarrn – als Frühstück oder Zwischenmahlzeit. Zum Mitnehmen gart man die Hirse am besten schon am Vorabend, sodass sie am nächsten Morgen nur noch mit den Äpfeln zusammen karamellisiert werden muss.

ZUTATEN für 2 Portionen

50 g Hirse
200 ml Milch oder Wasser
1-2 Äpfel
1-2 EL Zucker
1 EL Butter
1 EL Zitronensaft
Nelkenpulver
Zimt

NÄHRWERTE pro Portion

kcal	kJ	Eiweiß	Fett	Kohlenhyd.
285	1190	6	9	44

1. Die Hirse waschen, in einem Topf mit der Milch aufkochen lassen und nach Packungsanleitung etwa 8 Minuten lang bei mittlerer Hitze zugedeckt kochen lassen. Danach auf kleinster Stufe zugedeckt 15 Minuten ausquellen lassen.

2. Apfel schälen, vierteln, vom Kerngehäuse befreien und in Spalten schneiden. Den Zucker in der Pfanne schmelzen lassen, mit der Butter zusammen bei mittlerer Hitze unter Rühren karamellisieren lassen.

3. Die Apfelspalten und den Zitronensaft dazugeben und bei niedriger Temperatur zugedeckt einige Minuten weich garen.

4. Die Hirse hinzufügen und unter Rühren anbraten, bis eine leichte Kruste entsteht. Mit Nelkenpulver und Zimt würzen.

Statt Zucker können Sie auch Honig zum Karamellisieren verwenden. Wem der Schmarrn noch nicht süß genug ist, fügt noch etwas Zucker, Honig oder Ahornsirup hinzu.

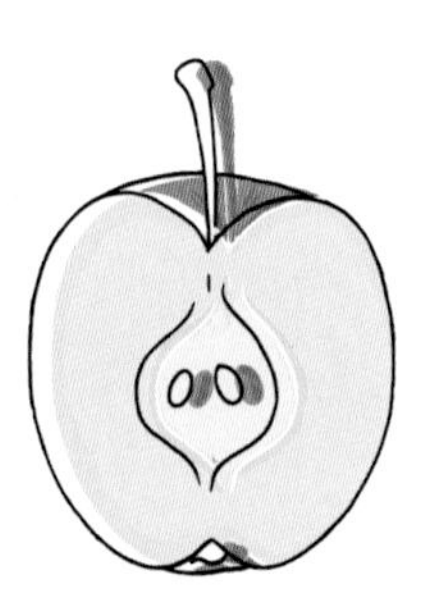

FISCH-LASAGNE

Jede Art von Lasagne lässt sich prima einpacken und mitnehmen. Diese Version mit Fisch und Brokkoli schmeckt warm und kalt – und bietet gerade im Sommer eine leckere und sättigende Kost.

ZUTATEN für 3 Portionen

Für die Tomatensoße

1 Zwiebel
2 EL Olivenöl
500 ml passierte oder geschälte Tomaten
100 ml Wasser
1-2 EL Estragon und Thymian
Salz
Pfeffer aus der Mühle

Für die Béchamelsoße

3 EL Butter
3 EL Mehl
300 ml Milch
Salz
Muskatnuss

200 g Brokkoli
400 g grätenloses Fischfilet
6-9 Lasagne-Blätter
150 g Mozzarella

NÄHRWERTE pro Portion

kcal	kJ	Eiweiß	Fett	Kohlenhyd.
553	2310	44	33	20

1. Für die Tomatensoße die Zwiebel schälen und fein hacken. In einem Topf mit Olivenöl einige Minuten unter Rühren anschwitzen lassen. Die Tomaten und das Wasser dazugeben. Mit Estragon, Thymian, Salz und Pfeffer würzen und zugedeckt bei niedriger Hitze so lange wie möglich köcheln lassen.

2. Den Backofen auf 200 °C vorheizen. Für die Béchamelsoße die Butter im Topf aufschäumen und das Mehl einrühren, kurz anschwitzen. Mit der Milch aufgießen, rühren und aufkochen, dabei mit dem Schneebesen kräftig rühren. Einige Minuten zugedeckt köcheln lassen, bis sich der Mehlgeschmack verliert. Mit Salz und Muskatnuss abschmecken.

3. Den Brokkoli putzen, vom Strunk befreien und in kleine Röschen teilen. Waschen und einige Minuten in kochendem Wasser bissfest garen.

4. Das Fischfilet in mundgerechte Stücke schneiden.

5. Eine eckige Backform mit Lasagne-Blättern auslegen und mit einem Teil der Tomatensoße abdecken. Zuerst einen Teil des Fischs, dann einige Brokkoliröschen darübergeben und etwas Béchamelsoße mithilfe eines Esslöffels darauf verteilen. Dann wieder mit Lasagne-Blättern belegen und in der beschriebenen Reihenfolge weiter schichten, die letzte Lage sollte Béchamelsoße sein.

6. Abschließend den Mozzarella in dünne Scheiben schneiden, darüber schichten und die Lasagne 30 bis 40 Minuten im vorgeheizten Ofen backen.

Je länger die Tomatensoße im Topf köcheln darf, desto fruchtiger und aromatischer wird die Lasagne. Ich lasse die Tomaten nach Möglichkeit mindestens 1 Stunde zugedeckt bei niedriger Hitze kochen.

KARTOFFELSALAT

MIT MAISKOLBEN

Neue Kartoffeln schmecken als Salat besonders fein. In Kombination mit den sonnengelben Maiskolben lässt sich dieses Essen gut transportieren und ist unschlagbar lecker – nicht nur für Kinder!

ZUTATEN für 2 Portionen

2 Maiskolben
10 kleine neue Kartoffeln
50 g Joghurt aus Ziegen-, Schafs- oder Kuhmilch
1 EL Olivenöl
1 EL Dijonsenf
1-2 EL frisch gehackte Petersilie, Schnittlauch und Basilikum
Salz
Pfeffer aus der Mühle
2 EL Butter

NÄHRWERTE pro Portion

kcal	kJ	Eiweiß	Fett	Kohlenhyd.
614	2574	14	18	97

1. Die Maiskolben waschen und in kochendem Wasser 20 bis 30 Minuten bissfest garen. Die Kartoffeln gründlich waschen und mit Schale in etwa 15 Minuten weich kochen. In Stücke oder Scheiben schneiden.

2. Für das Dressing Joghurt, Olivenöl, Senf, Petersilie, Schnittlauch, Basilikum, Salz und Pfeffer gut verrühren. Das Dressing unter die Kartoffeln heben und einige Zeit ziehen lassen, dann mit Salz abschmecken.

3. Die Maiskolben in einem Sieb abtropfen lassen und mit Butter bestreichen.

Mein Favorit für diesen Salat ist ein Joghurt aus Ziegenmilch. Die Maiskolben kann man auch gut mit Kräuterbutter bestreichen.

GEMÜSE-WRAPS

Wenn ich Pfannkuchen zubereite, brate ich meistens gleich ein paar mehr, als ich gerade brauche. Am nächsten Tag befülle ich sie dann mit allerlei Gemüse, Kräutern und Soße – und esse sie unterwegs, eingerollt als „Wrap".

ZUTATEN für 2 Portionen

Für den Teig
150 ml Milch
1 Ei
100 g Mehl
Salz
2 Stängel Koriander oder Petersilie
Olivenöl

Für die Füllung
1 Zucchini
Olivenöl
Salz
3-4 Stängel Basilikum
1 kleine Zwiebel
1 Knoblauchzehe
1 Chilischote
1 kleiner Radicchio
1-2 EL Balsamico
1 Tomate
4 Salatblätter
4 EL ARTISAN-Mayonnaise (Rezept auf Seite 24) oder Joghurt-Senf-Soße

NÄHRWERTE pro Portion

kcal	kJ	Eiweiß	Fett	Kohlen-hyd.
514	2150	15	31	45

1. Für die Wraps Milch, Ei, Mehl, Salz und die fein gehackten Korianderblätter mit einem Schneebesen gut verrühren. Jeweils 1–2 EL Olivenöl in einer Pfanne erhitzen und aus dem Teig portionsweise 4 dünne Wraps ausbacken. Auf einen Teller legen und nach Wunsch warm stellen.

2. Die Zucchini waschen und in kleine Würfel schneiden. In einem Topf mit 1 EL Olivenöl einige Minuten braten, bis die Zucchini weich ist. Mit 1–2 EL Olivenöl pürieren, salzen und mit dem klein geschnittenen Basilikum würzen.

3. Zwiebel und Knoblauch schälen und klein würfeln. Die Chilischote putzen, waschen, nach Wunsch die Kerne entfernen und die Chili in feine Ringe schneiden. Den Radicchio waschen, trocken schleudern, vierteln und den Strunk keilförmig herausschneiden.

4. In einer Pfanne 2 EL Olivenöl erhitzen, Zwiebel, Knoblauch und Chili unter Rühren darin anbraten. Den Radicchio nur kurz und bei geringer Hitzezufuhr mitbraten, dabei einmal wenden. Mit Balsamico ablöschen und die Pfanne von der heißen Herdplatte ziehen.

5. Die Tomate waschen, den Stielansatz keilförmig herausschneiden, die Tomate in kleine Würfel schneiden. Die Salatblätter waschen und trocken schleudern.

6. Jeden Wrap mit 1 EL Mayonnaise bestreichen und 1 Salatblatt darauflegen. Das Zucchinipüree darauf verteilen, den Radicchio und die Tomatenwürfel darübergeben. Die Wraps fest einwickeln, den unteren Rand umknicken und zum Mitnehmen stabil in Folie verpacken.

HERBST

HOKKAIDO-AUFSTRICH

Der wunderbar orangefarbene Hokkaidokürbis ist perfekt für eine „faule Köchin" wie mich: Diesen Kürbis muss man nicht schälen – seine Schale kann man einfach mitkochen und aufessen.

ZUTATEN für ca. 300 g
etwa 250 g Hokkaidokürbis
1 kleine Zwiebel
4-5 EL Olivenöl
60 ml Wasser
Salz
2 EL Sesamsamen oder geriebene Nüsse
1 TL Madras Curry oder Currypulver

NÄHRWERTE pro Portion

kcal	kJ	Eiweiß	Fett	Kohlen-hyd.
529	2215	5	51	15

1. Den Hokkaidokürbis sorgfältig waschen und mit einem scharfen Messer in zwei Hälften teilen. Die Kerne mit einem Esslöffel herausschaben und die passende Menge Kürbis abwiegen. Mit Schale in kleine Stücke schneiden, die Zwiebel schälen und klein würfeln.

2. In einem Topf 2 EL Olivenöl erhitzen und zuerst die Zwiebelwürfel anschwitzen, dann die Kürbisstücke dazugeben und unter Rühren kurz anbraten. Das Wasser und etwas Salz hinzufügen. Etwa 15 bis 20 Minuten kochen, bis der Kürbis weich wird und zerfällt, bei Bedarf etwas Wasser nachgießen.

3. Den Sesam ohne Fett in einer Pfanne unter ständigem Rühren anrösten und gleich aus der heißen Pfanne nehmen. Den Kürbis mit Sesam und Curry verrühren und so viel Öl dazugießen, bis der Aufstrich schön sämig ist, mit Salz abschmecken.

4. Gekühlt und luftdicht verschlossen ist der Hokkaido-Aufstrich etwa 4 Tage haltbar, er lässt sich aber auch gut einfrieren.

ZUM MITNEHMEN
Ein Brötchen aufschneiden und beide Hälften mit etwas Olivenöl beträufeln. 2 bis 4 gewaschene und trocken geschleuderte Salatblätter (z. B. Endivie) in Streifen schneiden und auf eine Brötchenhälfte legen, darauf den Aufstrich großzügig mit einem Löffel verteilen. Gurkenscheiben darauflegen und die Brötchenhälften aufeinandersetzen.

SELLERIESCHNITZEL

IN KRÄUTERPANADE

Sellerie in Bestform: Das geschmacksintensive Gemüse wird im Kochtopf meistens eher zurückhaltend dosiert – bei diesem Rezept greift man gerne zu! Auch Kinder mögen die panierten Gemüseschnitzel mit Biss.

ZUTATEN für 2 Portionen

Für die Sellerieschnitzel

1 kleiner Knollensellerie
4-6 EL frische Kräuter nach Wahl (z. B. Petersilie, Thymian, Oregano, Liebstöckel)
5-6 EL Paniermehl
3-4 EL Mehl
1 Ei
Salz
3 EL Sonnenblumenöl

Für den Salat

2 Handvoll Feldsalat
3 EL Kürbiskernöl
1 EL Essig oder Saft von ½ Zitrone
1 TL scharfer Senf
Salz
Pfeffer aus der Mühle
1 Karotte
1-2 EL gehackte Wal- oder Haselnüsse

NÄHRWERTE pro Portion

kcal	kJ	Eiweiß	Fett	Kohlen-hyd.
510	2131	18	29	45

1. Den Sellerie gründlich schälen und in Scheiben schneiden (ca. 1 cm dick). Die Kräuter waschen, trocken schleudern und fein hacken. In einem tiefen Teller mit dem Paniermehl vermischen.

2. In einen zweiten Teller das Mehl geben, in einem dritten tiefen Teller das Ei mit etwas Salz verquirlen. Jede Selleriescheibe zuerst in Mehl wenden, dann durch das Ei ziehen. Zuletzt im Paniermehl wenden, dabei die Panade etwas andrücken.

3. In einer Pfanne das Sonnenblumenöl erhitzen. Die Sellerieschnitzel bei mittlerer Hitze von beiden Seiten goldgelb braten. Auf Küchenkrepp abtropfen lassen.

4. Den Feldsalat gründlich waschen und trocken schleudern. Für das Dressing Öl, Essig, Senf, Salz und Pfeffer mit einer Gabel schaumig rühren.

5. Die Karotte schälen oder mit einer Gemüsebürste säubern, grob raspeln und mit den Nüssen zusammen über den Salat geben. Die Soße darüber träufeln oder für den Transport in ein kleines Schraubglas füllen.

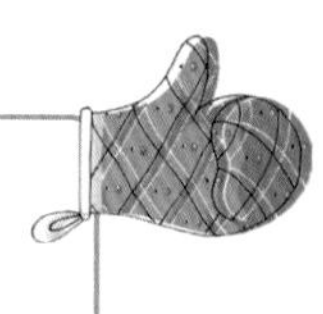

Als leckere Varianten die Sellerieschnitzel mit Sesamsamen panieren oder das Paniermehl mit geriebenem Parmesankäse vermischen.

AUF VORRAT KOCHEN:

HÜHNERFLEISCH

Wenn ich gerade Zeit und Muße zum Kochen habe, dann bereite ich immer wieder gerne ein Huhn im Ganzen zu. Das bildet die Basis für mehrere, ganz unterschiedliche Gerichte, die ich dann zur gewünschten Zeit fertig koche (siehe folgende Rezepte). Die einzelnen Stücke kühle oder friere ich so lange ein, bis ich sie brauche. Das ist im Alltag sehr praktisch! Zudem liebe ich das intensive Aroma einer selbstgemachten Hühnersuppe aus dem Suppenfleisch, das mir beim Kauf der einzelnen Teile entgehen würde.

GRUNDREZEPT:

GANZES HUHN

ZUTATEN

1 Huhn
3 EL Öl
Je 1 EL Rosmarin, Thymian und Rosenpaprika
Salz
3 EL Marmelade, z. B. Pflaume oder Aprikose
¼ l Wasser

NÄHRWERTE pro Portion

kcal	kJ	Eiweiß	Fett	Kohlenhyd.
2795	11720	247	203	1

1. Den Backofen auf 180 °C vorheizen. Das Huhn waschen, trocken tupfen und auf der Unterseite in einen Bräter legen. Das Öl in einer kleinen Schüssel mit den Gewürzen und Salz vermischen. Das Huhn innen und außen mit der Marinade einreiben.

2. Das Huhn im Bräter ohne Deckel im vorgeheizten Backofen etwa 1 Stunde garen lassen. Nach 30 Minuten Backzeit die Marmelade und das Wasser vermischen und über das Huhn in den Bräter gießen. Während des Fertigbackens noch zwei weitere Male mit einem Löffel etwas Bratensaft über das Huhn gießen.

3. Das gegarte Huhn vorsichtig auf ein Brett legen und mit einem scharfen Messer in Stücke aufteilen: Beide Brüste, Keulen und Flügel abtrennen, die Hühnerkarkasse umdrehen und die saftigen Stücke der unteren Seite ablösen. Reste, die sich schwer ablösen lassen, kommen mitsamt den Knochen zum Suppenfleisch.

4. Die einzelnen Teile je nach geplanter Verwendung gleich weiter verarbeiten, kalt stellen oder tiefgefrieren. Dabei den Bratensaft nicht vergessen: entweder gleich mitverspeisen oder abfüllen und kalt stellen.

LIEBLINGSSTÜCK

MIT RÖSTGEMÜSE

Sind Sie ein Brust- oder Keulenliebhaber? Der Bratensaft mit Marmelade und Gewürzen dient als Soße für das Röstgemüse und rundet das Aroma perfekt ab.

ZUTATEN für 2 Portionen

1 Zwiebel
1 Zucchini
2 Karotten
300 g gegarte Hühnerbrust oder -keule (siehe Rezept links)
2 EL Olivenöl
etwas Bratensaft (siehe Grundrezept links)
Salz

NÄHRWERTE pro Portion

kcal	kJ	Eiweiß	Fett	Kohlen-hyd.
531	2217	31	41	10

1. Die Zwiebel schälen und je nach Geschmack in dünne oder dickere Ringe schneiden. Zucchini und Karotten putzen, waschen, der Länge nach halbieren oder vierteln und in Stücke schneiden.

2. Zwiebel, Zucchini und Karotte entweder nach 40 Minuten zum Huhn in den Bräter dazugeben (siehe Rezept links) oder in einer Pfanne mit Olivenöl bei mittlerer Hitze bissfest anrösten, dann etwas Bratensaft dazugießen.

3. Mit Salz abschmecken, auf Tellern anrichten oder in einer isolierenden Lunchbox verpacken.

SELBSTGEMACHTE HÜHNERSUPPE

In der kälteren Jahreszeit ist es eine wahre Wohltat, eine selbstgemachte Hühnersuppe zu löffeln. Auch davon koche mir gleich einen Vorrat, den ich in kleinen Portionen einfriere.

ZUTATEN für 1 Liter

Knochengerüst vom Huhn und Knochen von Keule und/oder Flügel (Rezept auf Seite 84)
1 Zwiebel
2 Karotten
50 g Sellerie
1 l Wasser
Salz
Majoran
Liebstöckel
½ Bund Schnittlauch

NÄHRWERTE pro Portion

kcal	kJ	Eiweiß	Fett	Kohlenhyd.
410	1722	41	27	2

1. Die Hühnerknochen mit den anhaftenden Fleischresten in einen großen Topf geben. Die Zwiebel schälen und klein würfeln. Karotten putzen, mit der Gemüsebürste säubern und in Stücke schneiden. Sellerie putzen, schälen und klein würfeln.

2. Zwiebel, Karotte und Sellerie in den Topf zum Huhn geben, mit Salz, Majoran und Liebstöckel würzen und mit dem Wasser aufgießen. Aufkochen lassen und zugedeckt bei niedriger Temperatur etwa 1 Stunde sanft köcheln.

3. Die Suppe durch ein Sieb in einen anderen Topf gießen und warm halten.

4. Alle Fleischteile von den Knochen lösen, in mundgerechte Stücke schneiden und nach Wunsch dabei die Haut ablösen. Das Fleisch zusammen mit dem gegarten Gemüse nach Wahl zur Suppe geben. Mit Schnittlauchröllchen garnieren.

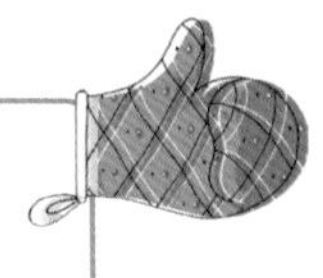

Je nach Geschmack lässt sich diese Suppe pur mit Hühnerfleisch oder mit dem Suppengemüse zusammen genießen. Ich mag gern die Karottenstücke dazu. Auch Suppennudeln, Reis oder Grießnockerl passen gut.

WRAPS MIT HÜHNERFLEISCH

Wraps sind immer eine Überraschung – optisch und geschmacklich. Welche Zutaten Sie auch darin verpacken: Es macht Spaß, mit den Fingern zu essen. Servietten bereitlegen und los gehts!

ZUTATEN für 2 Portionen

250 g gegarte Hühnerkeule oder -brust (Rezept auf Seite 84)
6 cm Salatgurke
2 Tomaten
2 Handvoll Salatblätter
4 EL Naturjoghurt
2 TL Dijonsenf
2-3 EL ARTISAN-Mayonnaise (Rezept auf Seite 24)
1 TL Currypulver
2 Tortilla-Wraps (Fertigprodukt oder Rezept Seite 76)

NÄHRWERTE pro Portion

kcal	kJ	Eiweiß	Fett	Kohlenhyd.
646	2707	43	39	31

1. Bei Verwendung der Keule das Hühnerfleisch vom Knochen lösen und in kleine Stücke schneiden. Die Hühnerbrust in dünnere Scheiben schneiden. Nach Wunsch vor dem Verzehr nochmals kurz in einer Pfanne erwärmen.

2. Die Gurke waschen, nach Geschmack schälen und in dünne Stifte schneiden. Die Tomaten waschen, von Strunk und grünen Teilen befreien und in mundgerechte Stücke würfeln. Die Salatblätter waschen und trocken schleudern. Für die Soße Joghurt, Senf, Mayonnaise und Currypulver vermischen.

3. Die Tortillas nacheinander in einer Pfanne erwärmen, bis sie weich werden. Jeweils auf einen großen Teller legen und zuerst mit den Salatblättern belegen. Darauf etwas Soße geben, dann folgen Gurkenstifte, Fleischstücke und Tomatenwürfel. Zuletzt den Rest Soße darauf verteilen.

4. Das untere Teil der Wraps hochklappen, dann die Seitenteile einschlagen. Bei Bedarf mit jeweils einem Zahnstocher fixieren.

Den Wrap stabil in Alufolie einpacken und am besten zusätzlich in einen Behälter legen.

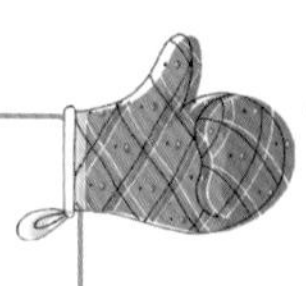

HÜHNERSANDWICH

MIT MANGO-CHUTNEY

Falls von dem ganzen Huhn (Rezept Seite 84) noch ein Rest Fleisch übrig geblieben ist, lassen sich damit im Handumdrehen köstliche Sandwiches zubereiten.

ZUTATEN für 2 Sandwiches

2 EL ARTISAN-Mayonnaise (Rezept auf Seite 24)
1 EL Naturjoghurt
Salz
Pfeffer aus der Mühle
100 g gegartes Hühnerfleisch (Rezept auf Seite 84)
1 rote Gemüsepaprika
4 Scheiben Toast- oder Kastenbrot
2 EL Mango-Chutney

NÄHRWERTE pro Portion

kcal	kJ	Eiweiß	Fett	Kohlenhyd.
377	1579	15	21	32

1. In einer kleinen Schüssel die Mayonnaise mit dem Joghurt vermischen, mit Salz und Pfeffer würzen. Das Hühnerfleisch in mundgerechte Stücke teilen und unterheben.

2. Die Paprika waschen und vom Strunk, weißen Trennwänden und Kernen befreien, in ca. 8 Streifen schneiden.

3. Zwei Brotscheiben mit Mango-Chutney bestreichen, die Hühner-Mayonnaise darüber verteilen und die Sandwiches mit den Paprikastreifen belegen.

4. Jeweils die zweite Brothälfte darüberklappen, vorsichtig festdrücken und beide Sandwiches mit einem scharfen Messer diagonal durchschneiden.

ROTE GLASNUDELN

Ganz ohne künstliche Farbstoffe kann man mit Roter Bete ein rotes bis pinkfarbenes Essen zaubern. Die intensive Farbe versprüht Freude und Kraft – und die „inneren Werte" der Roten Bete versorgen uns mit wertvollen Vitalstoffen.

ZUTATEN für 2 Portionen

500 g Rote Bete
400 ml Wasser
150 g Reis- oder Glasnudeln
2–4 Knoblauchzehen
1 Chilischote nach Geschmack
2 EL Olivenöl
Salz
3–5 Stängel Koriandergrün oder Petersilie

NÄHRWERTE pro Portion

kcal	kJ	Eiweiß	Fett	Kohlenhyd.
465	1946	6	11	84

1. Die Rote Bete schälen und in kleine Würfel schneiden, dabei eventuell Einmal-Handschuhe benutzen, um ein Abfärben zu vermeiden. Das Wasser in einem Topf zum Kochen bringen und die Rote Bete darin zugedeckt etwa 10 Minuten weich kochen. Beim Absieben das rote Kochwasser in einer Schüssel auffangen.

2. Die Reisnudeln nach Packungsbeschreibung gar kochen. Die Knoblauchzehen schälen und fein hacken. Die Chilischote waschen, putzen, nach Wunsch entkernen und in feine Ringe schneiden.

3. Das Olivenöl in einem Topf erhitzen, Knoblauch und Chili unter Rühren darin anschwitzen. Die Glasnudeln und etwas rotes Kochwasser dazugeben, salzen und vorsichtig durchmischen. Die Rote Bete darübergeben und mit dem fein gehackten Koriandergrün garnieren.

Auch Nudeln aus Hartweizen lassen sich leuchtend rot einfärben. Dabei rechnet man pro Portion mit etwa 120 g Nudeln.

HERBSTROLLEN

AUS BLÄTTERTEIG UND WEISSKOHL

Ich habe meistens küchenfertigen Blätterteig im Kühlschrank, weil sich daraus im Handumdrehen appetitliche Rollen formen lassen. Die Füllung der Rollen können Sie leicht nach Ihrem Geschmack und den gerade vorhandenen Vorräten variieren. Auch zum Mitnehmen sind die Blätterteigrollen sehr praktisch.

ZUTATEN für ca. 8 Stück

1 Zwiebel
200 g Weißkohl
1 Karotte
2 EL Olivenöl
1 TL Salz
3 EL Sojasoße
1 Rolle Blätterteig (275 g)
2 EL Butter

NÄHRWERTE pro Portion

kcal	kJ	Eiweiß	Fett	Kohlenhyd.
185	776	3	13	15

1. Den Backofen auf 200 °C vorheizen. Die Zwiebel schälen und in feine Ringe schneiden. Vom Weißkohl den Strunk und die äußeren Blätter entfernen, den Kohl in schmale Streifen schneiden. In einem Sieb unter fließendem Wasser waschen, abtropfen lassen. Die Karotte mit der Gemüsebürste waschen, putzen und grob raspeln.

2. Das Olivenöl in einer Pfanne erhitzen. Zwiebel, Weißkohl und Karotte einige Minuten bei mittlerer Hitze unter Rühren anbraten, bis die Zwiebel glasig ist. Salzen und mit der Sojasoße ablöschen, dann die Pfanne von der heißen Herdplatte nehmen.

3. Den Blätterteig mitsamt dem beigefügten Backpapier auf einem Backblech auseinanderrollen. Mit einem scharfen Messer in 8 gleich große Vierecke schneiden. Das Pfannengemüse auf den Teigstücken verteilen. Den Teig jeweils an zwei gegenüberliegenden Seiten über dem Gemüse einschlagen und von einer der beiden anderen Seiten vorsichtig einrollen, dann leicht festdrücken. Die Butter schmelzen und die Rollen damit bestreichen. Etwa 20 Minuten backen, bis die Blätterteigrollen goldgelb sind.

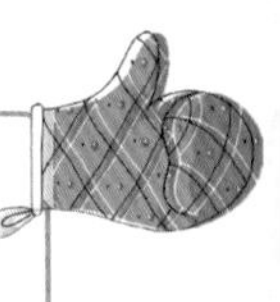

Für einen pikanten Geschmack das Gemüse zusammen mit einer halben, entkernten und in feine Ringe geschnittenen Chilischote anbraten.

GEBACKENE KÜRBISSPALTEN

MIT BULGUR UND SCHAFSKÄSE

Bulgur ist vorbehandelter Weizen und zählt im Orient zu den Grundnahrungsmitteln. Bei der Gewinnung werden die Weizenkörner teilweise geschält, gedämpft und getrocknet, bevor sie grob oder fein zerkleinert werden. In der Küche lässt sich Bulgur so vielfältig wie Reis verwenden. Auch dieses Rezept ist je nach Gelegenheit ganz vielseitig einsetzbar: als komplettes herbstliches Mittagessen zu Hause, zum Mitnehmen, kalt und warm genießen oder als Beilage zum Sonntagsbraten.

ZUTATEN für 2 Portionen

500 g Hokkaidokürbis
etwas Butter für die Form
Salz
frisch gemahlene Muskatnuss
6 EL Olivenöl
120 g Bulgur
80 g Schafskäse
Pfeffer aus der Mühle
2 EL frisch gehackte Petersilie

NÄHRWERTE pro Portion

kcal	kJ	Eiweiß	Fett	Kohlenhyd.
636	2666	14	41	53

1. Den Backofen auf 200 °C vorheizen.

2. Den Hokkaidokürbis sorgfältig waschen und mit einem scharfen Messer in zwei Hälften teilen. Die Kerne mit einem Esslöffel herausschaben und die passende Menge Kürbis abwiegen. Den Kürbis mit Schale in etwa 8 Spalten schneiden. In eine gefettete Auflaufform legen, mit Salz und Muskatnuss würzen und mit 3 EL Olivenöl beträufeln. Im vorgeheizten Ofen etwa 20 Minuten backen, dabei nach 10 Minuten etwa 4 cl Wasser nachgießen.

3. Den Bulgur waschen, in Wasser aufkochen und bei geringer Hitzezufuhr etwa 10 bis 20 Minuten quellen lassen (siehe Packungsangabe). Bulgur auf den Kürbisspalten in der Auflaufform verteilen, Schafskäse mit den Händen darüber bröseln. Salzen, pfeffern und mit der Petersilie bestreuen. Mit 3 EL Olivenöl beträufeln und weitere 10 bis 15 Minuten backen.

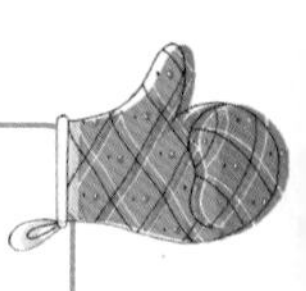

Der überbackene Kürbis schmeckt auch zu kleinen Hackfleischbällchen sehr gut.

GEFÜLLTE PAPRIKA

MIT QUINOA

Paprikaschoten färben graue Tage bunt! Ich wähle die Farbe nach meiner aktuellen Stimmung aus: rot, gelb oder grün. Am meisten Laune macht natürlich eine farbenfrohe Mischung.

ZUTATEN für 2 Portionen
4 bunte Gemüsepaprika
1 große Zwiebel
2 Knoblauchzehen
3 EL Olivenöl
1-2 EL Zucker
800 g geschälte Tomatenwürfel (2 Dosen)
100 ml Wasser
Salz
Pfeffer aus der Mühle
100 g Quinoa
3-4 EL frische Kräuter (Majoran, Oregano, Salbei, Rosmarin)
100 g Schafskäse

NÄHRWERTE pro Portion

kcal	kJ	Eiweiß	Fett	Kohlenhyd.
342	1426	12	16	36

1. Die Paprikaschoten waschen und ca. 1 cm rund um den Strunk eine Öffnung herausschneiden. Die Paprikadeckel beiseitelegen, Kerne und Trennwände entfernen. Zwiebel und Knoblauch schälen, fein hacken und in einem Topf mit erhitztem Olivenöl anbraten. Zucker dazugeben und rühren, bis er karamellisiert. Die Tomatenwürfel und das Wasser hinzufügen, rühren und mit Salz und Pfeffer würzen. Mindestens 20 Minuten sanft köcheln lassen.

2. Quinoa in einem Sieb unter fließendem Wasser waschen. Laut Packungsangabe etwa 15 bis 20 Minuten in kochendem Wasser zugedeckt garen lassen. Durch ein Sieb abgießen und gut abtropfen lassen. Die Kräuter untermischen und salzen.

3. Die Paprikaschoten jeweils zur Hälfte mit Quinoa befüllen, ein Stück Schafskäse hineinlegen und ganz mit Quinoa auffüllen. Die Paprikadeckel mit je einem Zahnstocker fixieren und die Paprikaschoten in den Topf mit der Tomatensoße stellen. Bei mittlerer Hitze etwa 30 Minuten zugedeckt köcheln lassen, bis die Paprika weich sind.

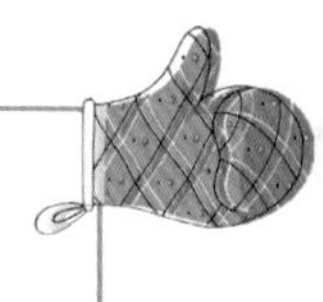

Der Topf sollte so einen Umfang haben, dass die 4 Paprika aufrecht und nebeneinander in der Tomatensoße stehen können. Dazu passen Salzkartoffeln.

ROTKOHL MIT SALBEI-POLENTA

ZUTATEN für 2 Portionen

Für die Polenta

100 g Polenta (Maisgrieß)
Salz
1-2 EL getrockneter Salbei, Oregano oder Thymian

Für den Rotkohl

500 g Rotkohl
1 Zwiebel
2 Knoblauchzehen
1 cm Ingwer
½ Chili nach Geschmack
1 Apfel
3 EL Olivenöl
1 TL Koriandersamen
1 Msp. Zimtpulver
1 Msp. Nelkenpulver
Salz
100 ml Wasser

Für das Pesto

3 EL geriebene Nüsse
2 EL Sesamsamen
½ Bund frische Kräuter (z. B. Petersilie oder Basilikum)
6-8 EL Olivenöl
½ Knoblauchzehe
3 EL geriebener Parmesan
Salz
Pfeffer aus der Mühle

NÄHRWERTE pro Portion

kcal	kJ	Eiweiß	Fett	Kohlen-hyd.
890	3723	16	66	59

1. Die Polenta nach Packungsbeschreibung in Wasser garen, salzen und die fein geschnittenen Salbeiblätter einrühren. Noch heiß auf ein mit Backpapier belegtes Backblech geben, dabei eine rechteckige Form bilden (ca. 1 cm dick). Die Masse mit einem Esslöffel glatt streichen und auskühlen lassen.

2. Die äußeren Blätter des Rotkohls entfernen, den Kohl vierteln und den Strunk keilförmig herausschneiden. Rotkohl in sehr feine Streifen schneiden, waschen und abtropfen lassen. Die Zwiebel schälen und in Ringe schneiden, Knoblauch und Ingwer schälen und fein hacken. Die Chili waschen, putzen, auf Wunsch entkernen und in feine Ringe schneiden. Den Apfel schälen, vom Kerngehäuse befreien und in kleine Würfel schneiden.

3. Das Olivenöl in einer Pfanne erhitzen. Zuerst Zwiebel, Knoblauch, Ingwer und Chili, dann Apfel und Rotkohl darin anbraten, dabei immer wieder umrühren. Mit dem im Mörser zerstoßenen Koriander, Zimt, Nelken und Salz würzen, das Wasser dazugießen. Den Rotkohl bei mittlerer Hitze je nach gewünschter Bissfestigkeit etwa 10 bis 30 Minuten zugedeckt köcheln lassen.

4. Für das Pesto die geriebenen Nüsse und den Sesam in einer heißen Pfanne ohne Fett unter Rühren kurz anrösten. Die Kräuter waschen und trocken tupfen, mit Olivenöl, Knoblauch, Parmesan und Salz kurz pürieren. Nüsse und Sesam unterheben.

5. Die ausgekühlte Polenta nach Wunsch in Streifen, Dreiecke oder Rauten schneiden. Olivenöl in einer Pfanne erhitzen und die Stücke bei mittlerer Hitze von beiden Seiten goldbraun anbraten.

GEMÜSE-CURRY

Dieses Gericht koche ich gerne im Herbst und Winter, wenn ich gerade verschiedene Gemüsereste übrig habe. Mit Kartoffeln und vielen Gewürzen zusammen verwandeln sich diese Reste in ein verlockend duftendes Essen, das sättigt und die Sinne betört.

ZUTATEN für 2 Portionen

1 Karotte
1 Pastinake
1-2 Kartoffeln
1 Zwiebel
½ Chilischote nach Geschmack
1-2 cm frischer Ingwer
500 g Brokkoli
1-2 EL Olivenöl
1 Msp. Nelkenpulver
1 TL Kreuzkümmelpulver
½ TL Koriandersamen
½ TL Kurkumapulver
2 EL Marmelade oder Mango-Chutney
170 ml Wasser
Salz

NÄHRWERTE pro Portion

kcal	kJ	Eiweiß	Fett	Kohlenhyd.
289	1214	13	8	39

1. Karotte und Pastinake putzen und schälen, der Länge nach halbieren und in Stücke schneiden (etwa 1 cm groß). Kartoffeln schälen, kurz abwaschen und ebenfalls klein würfeln. Zwiebel schälen und klein hacken.

2. Die Chilischote waschen, putzen, nach Wunsch entkernen und in feine Ringe schneiden. Ingwer schälen und fein reiben. Den Brokkoli waschen, Strunk abtrennen und kleine Röschen abschneiden.

3. Olivenöl in einem Topf erhitzen, die Zwiebel darin anrösten. Chili, Ingwer, Nelkenpulver, Kreuzkümmel, zerstoßene Koriandersamen, Kurkuma und Marmelade dazugeben und umrühren. Karotte, Pastinake und Kartoffeln dazugeben, mit dem Wasser aufgießen, rühren und salzen.

4. Das Gemüse zugedeckt etwa 15 Minuten köcheln lassen, gelegentlich umrühren und bei Bedarf noch etwas Wasser dazugießen. Die Brokkoliröschen untermischen und das Curry weitere 5 bis 10 Minuten fertig garen lassen, zuletzt abschmecken.

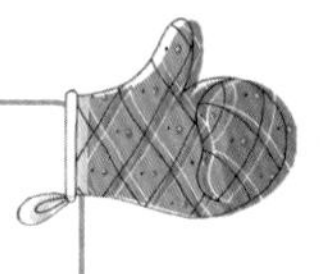

Welche Gemüsearten Sie für dieses Curry verwenden, bleibt Ihrem Geschmack überlassen – und dem, was der Kühlschrank gerade hergibt.

KARTOFFEL-BOHNEN-CURRY

Das kräftig-würzige Aroma dieses Currys ist in der kalten Jahreszeit besonders schmackhaft, wohltuend und wärmend. Wer die exotischen Gewürze nicht mag, verwendet stattdessen edelsüßes Paprikapulver, Bohnenkraut und Thymian. Die sämige Soße wird beim Kochen teilweise von den Kartoffeln aufgesogen – köstlich!

ZUTATEN für 2 Portionen

6 Kartoffeln
1 Zwiebel
1 Knoblauchzehe
1 cm Ingwer
½ Chilischote
300 g Bohnen
2 EL Olivenöl
½ TL Kurkumapulver
½ TL Kreuzkümmelpulver
½ TL Garam Masala
Salz
150 ml Wasser
Petersilie, Basilikum oder Pfefferminze

NÄHRWERTE pro Portion

kcal	kJ	Eiweiß	Fett	Kohlenhyd.
323	1354	9	11	47

1. Die Kartoffeln schälen, kurz unter fließendem Wasser abwaschen und in Würfel schneiden. Die Zwiebel schälen und in feine Ringe schneiden. Die Knoblauchzehe schälen und fein würfeln. Den frischen Ingwer schälen und fein hacken oder reiben. Die Chili waschen, putzen, nach Wunsch entkernen und in feine Ringe schneiden.

2. Die Bohnen unter fließendem Wasser waschen und abtropfen lassen. Die Spitzen jeweils auf beiden Seiten knapp abschneiden, Bohnen in mundgerechte Stücke schneiden. Das Olivenöl erhitzen und Zwiebel, Knoblauch und Ingwer unter Rühren darin anbraten.

3. Die Kartoffelwürfel dazugeben und mit Kurkuma, Kreuzkümmel, Garam Masala und Salz gut durchmischen. Die Bohnen und das Wasser hinzufügen. Das Curry zugedeckt je nach gewünschter Bissfestigkeit 15 bis 20 Minuten köcheln lassen, dabei öfter umrühren. Mit Salz abschmecken und mit fein geschnittener Petersilie, Basilikum oder Pfefferminze garnieren.

Alternativ können Sie diese Suppe auch fein pürieren.

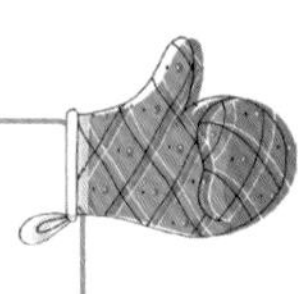

GELBE LINSENSUPPE

MIT KOKOSMILCH

Rote Linsen sind vor dem Erhitzen noch rot, beim Kochen werden sie jedoch gelb. Die Kurkuma (Gelbwurz) verstärkt diesen Farbeffekt zusätzlich. Die Linsen müssen nicht eingeweicht werden und benötigen nur wenige Minuten Kochzeit. Ihre Konsistenz ist mehlig, sie zerfallen schnell – deshalb sind sie besonders gut für Eintöpfe, Currys und Suppen geeignet.

ZUTATEN für 2 Portionen

1 Zwiebel
2 Knoblauchzehen
½ Chilischote nach Geschmack
2 Kartoffeln
1 EL Olivenöl
50 g rote Linsen
650 ml Wasser
1 cm Ingwer
½ TL Koriandersamen
½ TL Kreuzkümmelpulver
1 TL Kurkumapulver
Salz
100 ml Kokosmilch
1-2 Stängel Koriandergrün nach Geschmack

NÄHRWERTE pro Portion

kcal	kJ	Eiweiß	Fett	Kohlenhyd.
225	943	9	6	34

1. Die Zwiebel schälen und klein würfeln. Die Knoblauchzehen schälen und fein hacken. Die Chilischote waschen, der Länge nach halbieren und in feine Ringe schneiden. Die Kartoffeln schälen und in kleine Würfel schneiden.

2. Das Olivenöl in einem Topf erhitzen und Zwiebel, Knoblauch und Chili darin anbraten. Die Linsen in einem Sieb unter fließendem Wasser waschen, abtropfen lassen und mit den Kartoffelwürfeln in den Topf geben. Das Wasser dazugießen und umrühren.

3. Den Ingwer schälen und fein reiben oder hacken, die Koriandersamen im Mörser zerstoßen. Beides zusammen mit Kreuzkümmel, Kurkuma und Salz zur Suppe geben. Zugedeckt einige Minuten köcheln lassen, bis Kartoffeln und Linsen weich sind (Packungsanleitung beachten). Die Kokosmilch und das fein gehackte Koriandergrün dazugeben. Die Suppe bei sanfter Hitze zugedeckt noch etwas ziehen lassen.

WINTER

LAUWARMER WIRSING

MIT SPECK UND MEERRETTICH

Meerrettich hat in meiner Küche eine Sonderstellung und bereichert viele meiner Gerichte. Genießen Sie den lauwarmen Wirsing mit Meerrettich einfach mit einem Roggen-Butterbrot oder als Beilage zu Geflügel oder Wildgerichten. Ich mag das erkaltete Gemüse auch gerne noch am nächsten Tag – zu einem Sandwich oder mit einem hart gekochten Ei.

ZUTATEN für 2 Portionen

70 g Bauchspeck
1 Zwiebel
2 Knoblauchzehen
½ kleiner Wirsing
Salz
1 TL ganzer Kümmel
100 ml Wasser
frischer Meerrettich

NÄHRWERTE pro Portion

kcal	kJ	Eiweiß	Fett	Kohlenhyd.
355	1478	8	32	9

1. Den Bauchspeck klein würfeln. Zwiebel und Knoblauchzehen schälen und fein hacken. Den Wirsing von den äußeren Blättern befreien, halbieren und den Strunk herausschneiden. Den halben Wirsing in mundgerechte Stücke schneiden, in einem Sieb unter fließendem Wasser waschen und abtropfen lassen.

2. Die Speckwürfel in einem Topf ohne weitere Fettzugabe bei mittlerer Hitze langsam auslassen. Zwiebel- und Knoblauchstücke dazugeben und unter Rühren kurz mitbraten. Den Wirsing hinzufügen, mit Salz und Kümmel würzen.

3. Das Wasser dazugießen und zugedeckt bei milder Hitze 20 bis 30 Minuten köcheln lassen. Den Meerrettich schälen, fein reiben und über den leicht abgekühlten, lauwarmen Wirsing geben.

Ein Trick, wie man den feinen, aber scharfen Meerrettich ohne Tränen genießen kann: Atmen Sie möglichst nicht ein, während Sie den Meerrettich reiben, zum Mund führen, kauen oder schlucken. Probieren Sie es aus, es funktioniert!

KARAMELLISIERTER CHICORÉE

MIT BROTWÜRFELN UND EI

Chicorée wird ab Oktober geerntet, hierzulande wird er meist roh als Salat verzehrt. Es lohnt sich jedoch, ihn auch einmal als Gemüse zu braten oder zu dünsten! In diesem Rezept harmoniert sein leicht bitterer Geschmack zusammen mit süßen und sauren Aromen.

ZUTATEN für 2 Portionen

4 Chicorée
1 rote Zwiebel
1 Knoblauchzehe
1 Apfel
2 Eier
1 EL Butter
1-2 EL Zucker
Saft von 1 Zitrone
10 Koriandersamen
Safranfäden
Salz
2 Scheiben Sauerteig- oder Vollkornbrot
1 EL Olivenöl

NÄHRWERTE pro Portion

kcal	kJ	Eiweiß	Fett	Kohlen-hyd.
329	1371	13	11	43

Der Geschmack von dunklem Roggen-Sauerteigbrot passt sehr gut zu dieser Kombination. Aber auch anderes, schon hart gewordenes Brot lässt sich dafür verwerten. Sie können den Salat genauso ohne Brotwürfel zubereiten und ein frisches Butterbrot dazu essen.

1. Chicorée putzen, waschen, trocken tupfen und der Länge nach halbieren. Die Zwiebel schälen und in sehr feine Ringe schneiden, Knoblauch schälen und fein hacken.

2. Den Apfel waschen, Stiel entfernen und mit der Schale von allen Seiten bis zum Kerngehäuse in sehr feine Scheiben schneiden. Wasser zum Kochen bringen, die Eier 5 bis 6 Minuten darin kochen und mit kaltem Wasser abschrecken.

3. Butter in einer Pfanne schmelzen und den Zucker bei mittlerer Temperatur darin karamellisieren lassen. Die Chicoréehälften mit der Schnittseite nach unten darin anbraten, nach 2 bis 3 Minuten wenden und mit Zitronensaft aufgießen.

4. Die angequetschten Koriandersamen, Safranfäden, Zwiebelringe und Apfelscheiben dazugeben, salzen und zugedeckt einige Minuten dünsten. Das Brot in mundgerechte Stücke schneiden.

5. Das Chicorée-Gemüse in eine Schüssel geben und gleich die Brotstücke im Saft der Pfanne mit dem Olivenöl rösten, bis sie gleichmäßig braun sind. Die hart gekochten Eier schälen. Die Brotstücke über das Gemüse geben und mit jeweils einem Ei garnieren.

ROSENKOHL-QUICHE

Die Haupterntezeit von Rosenkohl ist November und Dezember. Mit seinem hohen Gehalt an Vitaminen und Mineralien ist er ein wichtiges Wintergemüse, das auch bestens in Eintöpfe passt. In einer Quiche „verpackt" lässt er sich bestens transportieren und mitnehmen – und ist sowohl warm als auch kalt ein Genuss.

ZUTATEN für 1 Springform (22–28 cm Ø)

Für den Mürbeteig

250 g Mehl
½ TL Salz
120 g kalte Butter
1 Ei
2 cl Wasser

Für die Füllung

500 g Rosenkohl
1 Zwiebel
3 Knoblauchzehen
3 EL Olivenöl
3 TL gemahlenes Korianderpulver
2 TL frisch geriebene Muskatnuss
1 TL Zimt
⅛ l Wasser

250 g Ziegen- oder Schafsjoghurt
100 ml Sahne
1 Ei
Salz
Pfeffer aus der Mühle
200 g geriebener Käse

NÄHRWERTE pro Portion

kcal	kJ	Eiweiß	Fett	Kohlenhyd.
298	1249	10	21	18

1. Mehl und Salz auf eine Arbeitsfläche geben und mischen, die Butter in kleinen Stücken auf dem Mehl verteilen. In der Mitte eine Mulde formen, das Ei hineingeben und mit der Gabel verquirlen. Alles zusammen mit dem Wasser verkneten, bis der Teig geschmeidig ist und nicht mehr an den Händen klebt. In Frischhaltefolie gewickelt etwa 30 Minuten kalt stellen.

2. Die Kohlröschen waschen, den Strunk sauber abschneiden und die gelben Blätter entfernen. Jedes Röschen halbieren. Die Zwiebel schälen und in feine Ringe schneiden, Knoblauch schälen und fein hacken.

3. Olivenöl in einer Pfanne erhitzen. Zwiebel, Knoblauch und Rosenkohl bei mittlerer Hitze unter Rühren einige Minuten anbraten. Mit Koriander, Muskatnuss und Zimt würzen. Das Wasser dazugießen und das Gemüse zugedeckt 5 Minuten dünsten lassen.

4. Den Backofen auf 200 °C vorheizen (Ober- und Unterhitze). Etwa zwei Drittel des Teigs abtrennen, 3 bis 4 mm dick ausrollen und in eine gefettete Backform legen. Aus dem verbliebenen Drittel Teig lange Rollen formen und durch Festdrücken einen hohen Rand bilden.

5. In einer Schüssel den Joghurt mit Sahne, Ei, Salz und Pfeffer vermischen. Den Rosenkohl auf dem Teig verteilen, die Sahnemischung darübergießen und mit dem geriebenen Käse bestreuen. Die Quiche 45 bis 55 Minuten im vorgeheizten Backofen goldbraun backen. Vor dem Portionieren auskühlen lassen.

Soll die Quiche transportiert werden, eignet sich zum Backen auch eine eckige Lasagne-Form oder ein Backblech: Darin kann der Gemüsekuchen in kleinen Quadraten portioniert werden. Den Rosenkohl können Sie im Winter auch gut durch Blumenkohl, Wirsing oder Weißkraut ersetzen.

EXOTISCHE SUPPE

MIT GEBACKENEN KARTOFFELSPALTEN

Diese gehaltvolle Suppe ist sättigend und wärmt von innen heraus. Die Banane sorgt für einen überraschenden Geschmackskick. Zusammen mit den Kartoffelspalten genieße ich sie besonders gern nach einem ausgiebigen Winterspaziergang.

ZUTATEN für 2 Portionen

3-4 Kartoffeln
1 TL ganzer Kümmel oder Rosmarin
Salz
50 g grüne oder rote Linsen
1 Zwiebel
1 Knoblauchzehe
100 g Karotten
2 EL Olivenöl
700 ml Wasser
1 reife Banane
2 TL Kurkumapulver
1 TL Currypulver
Salz
Schnittlauchröllchen oder fein gehackte Petersilie

NÄHRWERTE pro Portion

kcal	kJ	Eiweiß	Fett	Kohlenhyd.
394	1650	11	11	61

1. Den Backofen auf 220 °C vorheizen. Die Kartoffeln nach Wunsch schälen oder mit der Gemüsebürste waschen. Der Länge nach halbieren und in schmale Spalten schneiden. In einer Auflaufform gründlich mit dem Olivenöl und dem Kümmel vermischen, nebeneinander legen und im vorgeheizten Ofen etwa 20 bis 30 Minuten backen, bis die Kartoffelspalten schön knusprig sind, dann erst salzen.

2. Währenddessen die Linsen in ein Sieb geben, unter fließendem Wasser waschen und abtropfen lassen. Zwiebel und Knoblauch schälen und fein hacken, Karotte mit der Gemüsebürste waschen und klein schneiden.

3. Das Olivenöl in einem Topf erhitzen und die Zwiebelwürfel kurz darin anschwitzen. Karottenstücke, Linsen und Knoblauch dazugeben und unter Rühren anbraten. Mit Wasser aufgießen und die geschälte, in Scheiben geschnittene Banane, Kurkuma, Curry und Salz hinzufügen.

4. Die Suppe bei sanfter Hitze 20 bis 30 Minuten köcheln (siehe Packungsangabe der Linsen). Abschmecken und nach Wunsch pürieren. Mit Schnittlauchröllchen garnieren.

TUXFORD &
AWARD
STILTON

TOMATEN-KOKOS-SUPPE

Eine einfache, aber sehr leckere Variante zur klassischen mediterranen Version: Tomatensuppe mit Kokosmilch. Exotische Gewürze wie Kaffir-Limettenblätter oder Zitronengras machen dieses schnell zubereitete Gericht zum aromatischen Wohlgenuss.

ZUTATEN für 2 Portionen

1-2 cm Ingwer
3 Knoblauchzehen
1 Chilischote
½ Bund Koriander
2-3 Kaffir-Limettenblätter oder 1 Stängel Zitronengras
1-2 EL Olivenöl
800 ml geschälte oder passierte Tomaten
400 ml Kokosmilch

NÄHRWERTE pro Portion

kcal	kJ	Eiweiß	Fett	Kohlenhyd.
174	736	6	9	16

1. Den Ingwer schälen und fein reiben oder hacken. Den Knoblauch schälen und fein hacken. Die Chilischote waschen, putzen, nach Wunsch die Kerne entfernen und die Chili in feine Ringe schneiden.

2. Die Stängel des Korianders und das Koriandergrün getrennt voneinander fein hacken. Kaffir-Limettenblätter waschen, trocken tupfen und fein hacken, vom Zitronengras die harten äußeren Blätter entfernen und die inneren Blätter sehr fein schneiden.

3. Das Olivenöl in einem Topf erhitzen. Ingwer, Knoblauch, Chili und Korianderstängel darin unter Rühren anschwitzen. Nach 3 bis 5 Minuten die Tomaten dazugießen, ganze Tomaten mithilfe eines Kochlöffels und eines Messers im Topf grob zerschneiden.

4. Die Suppe etwa 15 Minuten zugedeckt bei sanfter Hitze köcheln lassen. Die Kokosmilch bis auf einen kleinen Rest unterrühren. In Teller oder Behälter füllen, den Rest Kokosmilch mit einem Esslöffel kreisförmig durch die Suppe ziehen, sodass eine dekorative Marmorierung entsteht. Mit dem fein gehackten Koriandergrün garnieren.

WINTERGEMÜSESUPPE

Für diese winterliche Suppe verarbeite ich rund 1 kg Gemüse. Die Grundlage bildet ein Stück Hokkaidokürbis. Dazu kommen verschiedene Gemüsereste, die der Kühlschrank gerade hergibt. Das Besondere an dieser Gemüsesuppe ist: Das Kürbisfleisch bleibt stückig, der Rest wird fein püriert.

ZUTATEN für 2 Portionen

1 Zwiebel
1 Pastinake
2 Karotten
2 EL Olivenöl
½ TL Rosenpaprikapulver
½ TL Kurkumapulver
½ TL Garam Masala
Salz
700 ml Wasser
500 g Kürbis
Pfeffer aus der Mühle
1–2 EL Sauerrahm oder Crème fraîche

NÄHRWERTE pro Portion

kcal	kJ	Eiweiß	Fett	Kohlenhyd.
258	1080	5	13	30

1. Zwiebel, Pastinake und Karotten schälen und klein würfeln. Das Olivenöl in einem Topf erhitzen und Zwiebel, Pastinake und Karotten unter Rühren einige Minuten darin anbraten. Mit Rosenpaprika, Kurkuma, Garam Masala und Salz würzen.

2. Das Wasser dazugießen und das Gemüse zugedeckt bei niedriger Hitze 20 Minuten sanft köcheln lassen.

3. Den Kürbis mit einem scharfen Messer schälen und mit einem Esslöffel die Kerne herausschaben. Das Fruchtfleisch in kleine Würfel schneiden (etwa 1 cm groß).

4. Die Suppe pürieren, die Kürbiswürfel dazugeben und weitere 15 Minuten sanft köcheln lassen. Die Kürbiswürfel sollten weich sein, aber nicht zerfallen.

Diese Suppe hat einen leicht süßlichen Geschmack, deswegen passt ein Klacks Sauerrahm sehr gut dazu.

WINTER-CURRY

MIT SCHWARZEM RETTICH

Der Schwarze Rettich ist nicht nur eine traditionelle Heilpflanze, sondern auch ein wertvolles Nahrungsmittel für den Winter. Sein pikantes Aroma passt gut zu Lammfleisch. Aber auch „nur" mit Reis zusammen ergibt dieses Curry eine vollständige Mahlzeit!

ZUTATEN für 2 Portionen

2 Schwarze Rettiche
1 Kartoffel
500 g Hokkaidokürbis
1 Zwiebel
2–3 Knoblauchzehen
½ Rote Bete
1 Tomate
2 EL Olivenöl
1 TL Koriandersamen
½ TL Nelkenpulver
½ TL Zimtpulver
Salz

NÄHRWERTE pro Portion

kcal	kJ	Eiweiß	Fett	Kohlenhyd.
261	1095	7	11	33

1. Rettiche, Kartoffel und Kürbis schälen, putzen und in mundgerechte Würfel schneiden. Zwiebel und Knoblauchzehen schälen und fein hacken. Die Rote Bete schälen und in feine Würfel schneiden, dabei eventuell Einmal-Handschuhe tragen, um ein Abfärben zu vermeiden. Die Tomate waschen, vom Strunk und grünen Teilen befreien und klein würfeln.

2. Das Olivenöl in einem Topf erhitzen, Zwiebel und Knoblauch darin anbraten. Kartoffel und Rettich unterrühren. Den Koriander im Mörser zerstoßen, mit Nelken und Zimt in den Topf geben. Das Gemüse bei mittlerer Hitze unter ständigem Rühren etwas anbraten. So viel Wasser dazugießen, dass das Gemüse fast bedeckt ist und salzen.

3. Das Curry zugedeckt etwa 40 Minuten köcheln lassen. Nach etwa 25 Minuten Kochzeit Tomate, Rote Bete und Kürbis hinzufügen und mitkochen lassen, bis das Gemüse noch bissfest, aber weich ist. Währenddessen bei Bedarf etwas Wasser nachgießen, sodass eine sämige Soße entsteht. Zuletzt abschmecken.

Im Frühling lässt sich der Schwarze Rettich gut durch die Mairübe (Navette) ersetzen: Ihre Schärfe ist sehr ähnlich.

LINSEN-REIS-PUFFER

MIT WINTERSALAT

ZUTATEN für 8 Puffer

Für die Puffer

6-8 EL gekochter Reis
50 g rote oder gelbe Linsen
1 Ei
Thymian, Oregano
Salz
Pfeffer aus der Mühle
3 EL Sonnenblumenöl

Für den Salat

2 Handvoll grüner fester Salat
½ Rote Bete
1 kleine Orange
ca. 1 EL geriebener Meerrettich
2-3 EL Olivenöl
Salz

NÄHRWERTE pro Portion

kcal	kJ	Eiweiß	Fett	Kohlen-hyd.
479	2008	13	31	37

1. Reis und Linsen getrennt voneinander waschen und jeweils nach Packungsanleitung weich kochen. Beides zusammen mit dem Ei, Thymian, Oregano, Salz und Pfeffer vermischen.

2. Das Sonnenblumenöl in einer Pfanne erhitzen, den Teig portionsweise in die Pfanne geben und mit einer Gabel flach drücken. Die Puffer knusprig anbraten, dann wenden.

3. Den Salat in mundgerechte Stücke teilen, waschen und trocken schleudern. Die Rote Bete schälen und grob raspeln, dabei eventuell Einmal-Handschuhe tragen, um ein Abfärben zu vermeiden.

4. Die Orangenschale so vom Fruchtfleisch schneiden, dass die weiße Schalenhaut möglichst vollständig entfernt wird. Das Fruchtfleisch auf einem Teller klein würfeln, den Saft darin auffangen.

5. Die Salatblätter in einen Teller oder Behälter geben, die Rote Bete, den Meerrettich und die Orangenstücke darübergeben. Den Saft der Orange mit Olivenöl und Salz verrühren und als Dressing über den Salat träufeln.

Kochen Sie auch oft zu viel Reis für ein Essen? Aus den Resten bereite ich gerne diese Puffer für eine zweite Mahlzeit zu. Ein saftiger Salat mit knackigem Biss ist die richtige Kombination zu den außen krossen und innen weichen Puffern. Auch zum Mitnehmen ist dieses schnelle Essen gut geeignet.

GRÜNE BOHNEN

IN TOMATENSOSSE MIT BULGUR

Dies ist ein typisch türkisches Rezept mit einem feinen, charakteristischen Aroma. Es sättigt, liegt aber nicht zu schwer im Magen – genau das Richtige für einen Snack zum Mitnehmen.

ZUTATEN für 2 Portionen

1 Zwiebel
3 Knoblauchzehen
1 Chilischote
1-2 EL Olivenöl
400 ml passierte Tomaten
100 ml Wasser
1 EL Zucker (Rohrohrzucker für Veganer)
Salz
½ TL Zimt
250 g grüne Bohnen
100 g Bulgur
2 EL Majoran, Liebstöckel und Pfefferminze
Salz

NÄHRWERTE pro Portion

kcal	kJ	Eiweiß	Fett	Kohlenhyd.
338	1491	11	53	13

1. Die Zwiebel schälen und in Würfel schneiden. Die Knoblauchzehen schälen und fein hacken. Die Chilischote waschen, putzen, nach Wunsch die Kerne entfernen und die Chili in feine Ringe schneiden.

2. Das Olivenöl in einem Topf erhitzen. Zwiebel, Knoblauch und Chili unter gelegentlichem Rühren anbraten. Die passierten Tomaten und das Wasser dazugießen.

3. Mit Zucker, Salz und Zimt würzen und die Tomatensoße zugedeckt etwa 20 Minuten bei sanfter Hitze köcheln lassen. Die Bohnen waschen, putzen und die beiden Spitzen jeweils knapp abschneiden, etwa 20 Minuten in der Soße weich kochen.

4. Den Bulgur mit 100 ml kochendem Wasser übergießen. Majoran, Liebstöckel und Minze unterheben, frische Kräuter zuvor klein hacken. Umrühren und zugedeckt 5 bis 10 Minuten ziehen lassen, mit Salz abschmecken. Salz verrühren und als Dressing über den Salat träufeln.

Eine feine Ergänzung für dieses Rezept ist Mozzarella, den man zuletzt in kleinen Stücken untermischt und etwas schmelzen lässt.

BUCHWEIZEN-EINTOPF

MIT KASSLERFLEISCH

Buchweizen ist ein „Pseudogetreide" und steckt voller gesunder Nährstoffe – darunter sind hochwertiges Eiweiß, B-Vitamine, Eisen, Kalium, Kalzium, Magnesium und Kieselsäure. Er ist zudem glutenfrei, sodass Buchweizenmehl eine wichtige Alternative zu anderen Getreidearten bietet.

ZUTATEN für 2 Portionen

1 Zwiebel
1 Knoblauchzehe
2 Karotten
1 kleine Steckrübe
1 Petersilienwurzel
300 g rohes geräuchtes Kasslerfleisch ohne Knochen oder Speck
100 g Buchweizen
1-2 EL Olivenöl
800 ml Wasser
1-2 EL Liebstöckel
Salz
Pfeffer aus der Mühle

NÄHRWERTE pro Portion

kcal	kJ	Eiweiß	Fett	Kohlenhyd.
535	2240	39	16	58

1. Die Zwiebel schälen und in Würfel schneiden. Den Knoblauch schälen und fein hacken. Die Karotten mit der Gemüsebürste waschen, putzen und in Scheiben schneiden. Die Steckrübe schälen und in kleine Stücke schneiden. Kassler oder Speck klein würfeln.

2. Den Buchweizen in einem Sieb mit fließendem, heißem Wasser waschen. In einem Topf Olivenöl erhitzen und darin Zwiebel, Knoblauch, Karotten und Steckrübe etwa 3 Minuten unter ständigem Rühren anbraten.

3. Kasslerfleisch oder Speck und Buchweizen dazugeben und einige Minuten mitbraten, dabei öfter umrühren. Das Wasser dazugießen, mit Liebstöckel, Salz und Pfeffer würzen. Den Eintopf zugedeckt bei niedriger Temperatur 30 Minuten köcheln lassen.

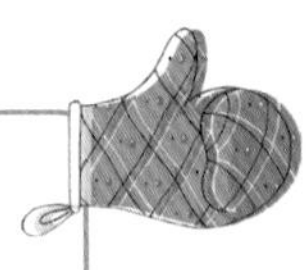

Das intensive Aroma von Liebstöckel verfeinert Suppen und Eintöpfe. Zusammen mit frischem Gemüse kann man damit auf fertiges Gemüsebrühpulver bestens verzichten.

GEFÜLLTE DILLPFANNKUCHEN

ZUTATEN für 4 Pfannkuchen

150 ml Milch
1 Ei
100 g Mehl
Salz
5-6 Stängel Dill
5 kleine festkochende Kartoffeln
1 Aubergine
1 Zwiebel
Olivenöl
½ TL Kurkumapulver
½ TL frisch geriebene Muskatnuss
Salz
Pfeffer aus der Mühle
1-2 Handvoll Salat- oder Spinatblätter
8 EL Naturjoghurt
50 g Schafskäse

NÄHRWERTE pro Portion

kcal	kJ	Eiweiß	Fett	Kohlenhyd.
320	1342	11	17	31

1. Für den Pfannkuchenteig Milch mit Ei, Mehl, Salz und dem klein gehackten Dill gut verrühren und ruhen lassen.

2. Die Kartoffeln mit Schale in kochendem Wasser 15 bis 20 Minuten weich kochen. Die Aubergine waschen, den Stängelansatz abschneiden und die Aubergine in Würfel schneiden. Die Zwiebel schälen und in Ringe schneiden.

3. Jeweils etwa 2 EL Olivenöl in einer Pfanne erhitzen und aus dem Teig portionsweise 4 dünne Pfannkuchen ausbacken. Auf einen Teller legen und nach Wunsch im Backofen warm stellen.

4. 4 EL Olivenöl in einer Pfanne erhitzen und die Zwiebelringe mit den Auberginenwürfeln unter Rühren darin anbraten, 4 cl Wasser dazugießen. Die Kartoffeln schälen, in mundgerechte Stücke schneiden, zu den Auberginen in die Pfanne geben und kurz mitbraten. Mit Kurkuma, Muskatnuss, Salz und Pfeffer würzen.

5. Die Salatblätter waschen und trocken schleudern. Auf den Pfannkuchen jeweils 2 EL Joghurt verteilen und mit Salatblättern belegen. Jeweils 3 bis 4 EL der Gemüsemischung dazugeben. Den Schafskäse gleichmäßig darüber bröseln und die Pfannkuchen zu einem festen Wrap einrollen. Nach Wunsch mit einem scharfen Messer in kleine Häppchen schneiden

Zum Mitnehmen die Pfannkuchen schon beim Befüllen mittig auf ein Stück Alufolie legen. Die Pfannkuchen einrollen, Folie herumlegen und gut festdrücken.

BRASILIANISCHE

FEIJOADA

Die Feijoada ist ein brasilianisches Nationalgericht. Auch in Portugal kennt jeder diesen Bohneneintopf, der hier auch mit roten oder braunen Bohnen gekocht wird. In Brasilien dagegen sind es ausschließlich die schwarzen Bohnen, die als alltägliche Beilage oft nur mit Zwiebeln und Knoblauch serviert werden. An Festtagen wird die Feijoada dagegen mit Fleisch oder Shrimps zubereitet.

ZUTATEN für 2 Portionen

200 g schwarze, rote oder braune Bohnen
2–3 Knoblauchzehen
1 Zwiebel
1 Chilischote
100 g Kasseler ohne Knochen
1 EL Olivenöl
500 ml Wasser
3 Lorbeerblätter
Salz

NÄHRWERTE pro Portion

kcal	kJ	Eiweiß	Fett	Kohlen-hyd.
370	1549	39	9	32

1. Die Bohnen einen Tag oder eine Nacht lang einweichen. Dann durch ein Sieb abgießen und mit fließendem Wasser abspülen.

2. Die Knoblauchzehen schälen und fein hacken, die Zwiebel schälen und klein würfeln. Die Chilischote waschen, putzen, nach Wunsch die Kerne entfernen und die Chili in feine Ringe schneiden.

3. Kasseler in kleine Stifte oder Würfel schneiden. Das Olivenöl in einem Topf erhitzen und Knoblauch, Zwiebel, Chili und Kasseler bei mittlerer Hitze etwa 5 Minuten unter Rühren anbraten. Die Bohnen und das Wasser dazugeben, mit Lorbeerblättern und Salz würzen.

4. Die Feijoada bei geringer Hitzezufuhr halb zugedeckt mindestens 1 Stunde köcheln lassen, währenddessen je nach Bedarf etwa 100 ml Wasser dazugießen.

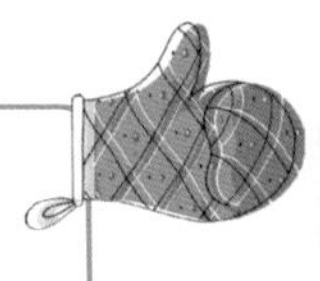

In Brasilien serviert man Reis zur Feijoada, aber auch ein Stück Weißbrot passt gut dazu. Ich genieße den Bohneneintopf am liebsten mit Kasseler und frischem Meerrettich.

AUF VORRAT KOCHEN:

RINDFLEISCH

Eine gute Rindfleischsuppe zu kochen ist gar nicht schwer, sie muss lediglich eine ganze Weile kochen. Dieser Zeitaufwand lohnt sich besonders, wenn wie hier gleich eine größere Portion Rindfleisch zubereitet wird: Was nicht sofort für die Suppe gebraucht wird, lässt sich später für andere Rezepte weiterverwenden (siehe Rindfleischsalat rechts). Das gar gekochte Fleisch kann man auch gut einfrieren.

RINDFLEISCHSUPPE

ZUTATEN für 1 Liter

450 g gemischtes Suppengemüse wie Karotten, Sellerie, Petersilienwurzeln und Lauch
1 Zwiebel
2–3 Scheiben vom Ochsenschwanz (Metzger)
1,5 l Wasser
1 Bund Liebstöckel
4 Lorbeerblätter
4 Wacholderbeeren
Salz
Pfeffer aus der Mühle
½ TL Piment
frisch geriebene Muskatnuss
750 g Rindfleisch (Schulterdeckel oder Brustkern)
1 Bund Schnittlauch

NÄHRWERTE pro Portion

kcal	kJ	Eiweiß	Fett	Kohlenhyd.
30	130	3	1	2

Die mitgekochten Zwiebelschalen verleihen der Suppe eine schöne Farbe. Je mehr Karotten man verwendet, desto süßer und runder wird der Geschmack.

1. Karotten, Sellerie und Petersilienwurzeln vom Grün befreien und schälen. Den Lauch halbieren, in grobe Stücke schneiden und waschen. Die Zwiebel mitsamt der Schale halbieren.

2. Einen großen Topf erhitzen, und die Zwiebelhälften mit den Schnittflächen nach unten hineinlegen. Ohne Fett einige Minuten bei starker Hitze rösten, bis die Schnittstellen dunkel geworden sind.

3. Die Ochsenschwanzstücke dazugeben, kurz mitbraten und mit dem kalten Wasser aufgießen. Das geschälte Suppengemüse, den Liebstöckel, Lorbeerblätter, Wacholderbeeren, Salz, Pfeffer, Piment und Muskatnuss hinzufügen. Kurz bevor die Suppe aufkocht, das Rindfleisch dazugeben. Falls nötig, zusätzlich Wasser dazugießen, sodass das Fleisch vollständig bedeckt ist. Zugedeckt etwa 1,5 Stunden bei niedriger Temperatur sanft köcheln lassen, bis das Fleisch gar ist.

4. Das Rindfleisch aus dem Topf nehmen, die gewünschte Menge für die Suppe bereitlegen. Den Rest nach Wunsch weiterverwenden oder kühl stellen bzw. einfrieren. Das Suppenfleisch in mundgerechte Stücke schneiden. Von den Ochsenschwanzstücken das Fleisch ablösen und ebenfalls in kleine Stücke schneiden.

5. Lorbeerblätter, Wacholderbeeren und Liebstöckel aus der Suppe nehmen und entsorgen. Das weich gekochte Gemüse, oder je nach Wunsch nur eine Auswahl davon, in Stücke schneiden. Mit den Fleischstücken zusammen nochmals kurz in der Suppe erwärmen. Mit Schnittlauchröllchen garnieren.

SAURER
RINDFLEISCHSALAT
MIT KÜRBISKERNÖL

ZUTATEN für 2 Portionen
250 g gekochtes Rindfleisch (entspricht ⅓ des Fleischs vom Rezept links)
1 kleine Zwiebel
3 cm Salatgurke
4 EL Kürbiskernöl
3 EL Essig
Salz
Pfeffer aus der Mühle
2 EL frisch gehackter Dill
2 Blätter frisch gehackter Liebstöckel

NÄHRWERTE pro Portion

kcal	kJ	Eiweiß	Fett	Kohlenhyd.
468	1961	35	36	1

1. Das gekochte Rindfleisch im rechten Winkel zur Fleischfaser mit einem scharfen Messer in dünne, mundgerechte Scheiben schneiden. Die Zwiebel schälen, fein würfeln oder nach Wunsch in schmale Ringe schneiden.

2. Die Salatgurke waschen und mit Schale in kleine Würfel schneiden. Für das Dressing Öl, Essig, Salz und Pfeffer vermengen, Dill und Liebstöckel unterrühren. Alle Zutaten vermischen und mit etwas Dill garnieren.

RINDER-HACKBRATEN

Mit einem Hackbraten, auch „falscher Hase" genannt, lässt sich wunderbar auf Vorrat kochen: Frisch aus dem Ofen genießt man ihn mit Kartoffelpüree oder Salat. Am nächsten Tag dient er als leckerer Belag für Sandwiches.

ZUTATEN für 1 Kastenform (ca. 20 cm lang)

1 Zwiebel
2 Knoblauchzehen
1-2 EL Olivenöl
2-3 große Champignons
1 Bund Petersilie
500 g Hackfleisch vom Rind
1 Ei
1 EL Liebstöckel
½ TL frisch geriebene Muskatnuss
Salz
Pfeffer aus der Mühle
3 EL Sojasoße

NÄHRWERTE pro Portion

kcal	kJ	Eiweiß	Fett	Kohlen-hyd.
1321	5335	117	92	8

Anstelle der Champignons können Sie auch Apfelstücke (ohne Schale) im Hackbraten versenken: Die leicht süßliche Note ist überraschend lecker!

1. Den Backofen auf 200 °C vorheizen. Die Zwiebel schälen und in kleine Würfel schneiden, den Knoblauch schälen und fein hacken. Das Olivenöl in einer Pfanne erhitzen, Zwiebel und Knoblauch etwa 5 Minuten unter Rühren anschwitzen, bis die Zwiebel glasig ist. Die Pfanne von der heißen Herdplatte nehmen.

2. Die Champignons mit einem Küchenmesser putzen, Stiele etwas einkürzen. Die Petersilie von den Stängeln zupfen und fein hacken.

3. Das Hackfleisch in einer Schüssel mit dem Ei, den angebratenen Zwiebeln und Knoblauch, Petersilie, Liebstöckel, Muskatnuss, Salz und Pfeffer gründlich vermischen. Die Hälfte der Hackfleischmasse in eine kleine Kastenform geben, glatt streichen.

4. Die Champignons im Ganzen mit dem Stängel nach oben in die Masse hineinsetzen. Die Sojasoße darübergießen und die Form mit dem Rest des Hackfleischs auffüllen. Mit flachen Händen gut festdrücken.

5. Im vorgeheizten Ofen etwa 50 Minuten backen, währenddessen nach 10 Minuten Backzeit die Temperatur auf 160 °C reduzieren. Den Hackbraten mit einem scharfen Messer in Scheiben schneiden.

VARIANTE zum Mitnehmen

Ein Brot mit einer Joghurt-Senf-Soße bestreichen, mit Rucola, Gurkenscheiben und einer Scheibe Hackbraten belegen. Mit einer zweiten Brotscheibe abdecken, vorsichtig festdrücken und mit einem scharfen Messer in der Mitte durchschneiden.

MARMELADEPOLSTER

Naschen Sie unterwegs auch gerne mal etwas Süßes? Zum Mitnehmen sind diese mit Marmelade gefüllten „Polster" aus Blätterteig hervorragend geeignet. Sie sind schnell und mit wenig Aufwand zubereitet. Auch wenn sich kurzfristig Besuch ankündigt, biete ich die süßen Teilchen gerne zu Kaffee oder Tee an.

ZUTATEN für ca. 20 Polster

1 Rolle Blätterteig aus dem Kühlregal (ca. 275 g)
10 EL Marmelade (z. B. Johannisbeere oder Pflaume)
1 Ei
Puderzucker

NÄHRWERTE pro Portion

kcal	kJ	Eiweiß	Fett	Kohlenhyd.
71	296	1	4	9

1. Den Backofen auf 180 °C vorheizen. Den Blätterteig ausrollen und in ca. 20 gleich große Quadrate schneiden. Jeweils ½ EL Marmelade auf eine Hälfte der Quadrate streichen, dabei einen kleinen Rand belassen. Die andere Teighälfte darüberklappen, und die Ränder mit den Fingern zusammendrücken.

2. Ein Backblech mit Backpapier auslegen. Die Marmeladepolster vorsichtig auf das Backblech heben und die Oberseiten mit dem verquirlten Ei bestreichen. Im Backofen etwa 15 bis 20 Minuten goldgelb backen. Nach dem Abkühlen mit Puderzucker bestäuben

ROSMARINKNÖDEL MIT CHAMPIGNONRAGOUT

Zu diesem herzhaften Pilzragout koche ich am liebsten Knödel aus Hirse, Haferflocken und Speck. Neben dem geschmacklichen Hochgenuss genieße ich das Zusammenspiel aus weichem Knödel und sämiger Soße.

ZUTATEN für 2 Portionen

25 g Hirse
25 g Haferflocken
1 kleine Zwiebel
250 g Champignons
1 Tomate
2 EL Olivenöl
Salz
Pfeffer aus der Mühle
4–6 Scheiben Bauchspeck
1 Ei
1–2 EL Mehl
1 EL Rosmarin
50 g Gouda oder Emmentaler

NÄHRWERTE pro Portion

kcal	kJ	Eiweiß	Fett	Kohlenhyd.
532	2224	19	40	24

1. Die Hirse in einem Sieb unter fließendem Wasser waschen. In 250 ml Wasser etwa 20 Minuten bei mittlerer Hitze köcheln, bis die Körner aufspringen. Den Topf von der heißen Herdplatte ziehen, die Haferflocken dazugeben und 10 Minuten quellen lassen. Bei Bedarf etwas Wasser dazugießen, sodass eine teigige Masse entsteht.

2. Die Zwiebel schälen und in Ringe schneiden. Die Champignons mit einem kleinen Küchenmesser putzen, Stiele bei Bedarf einkürzen und die Pilze in Scheiben schneiden. Die Tomate waschen, vom Strunk befreien und klein würfeln.

3. Das Olivenöl in einem Topf erhitzen und die Champignons etwa 5 Minuten unter Rühren darin anbraten. Die Tomatenwürfel dazugeben, mit Salz und Pfeffer abschmecken. Mit 50 ml Wasser aufgießen, rühren und das Ragout etwa 20 Minuten bei sanfter Hitze zugedeckt köcheln lassen, bis eine sämige Soße entsteht. Dabei immer wieder umrühren und bei Bedarf etwas Wasser nachgießen.

4. Eine Pfanne erhitzen und die Speckscheiben ohne weitere Fettzugabe darin anbraten, bis das Speckfett schmilzt. Etwas abkühlen lassen und in kleine Stücke schneiden.

5. Das Ei, Mehl und Rosmarin mit der Hirse-Haferflocken-Mischung gut verrühren, die Speckstücke unterheben. Mit Salz und Pfeffer abschmecken und etwa 10 Minuten ruhen lassen. Kleine Knödel formen und in heißem, aber nicht kochendem Salzwasser einige Minuten ziehen lassen, bis sie an die Wasseroberfläche steigen.

6. Das Ragout auf einen Teller oder in eine gut verschließbare Lunchbox geben. Die Knödel daraufsetzen und mit dem geriebenen Käse bestreuen.

REGISTER

BASILIKUM

Hinweis: Die Inhalte dieses Buches wurden vom Autor nach bestem Wissen erstellt und mit größtmöglicher Sorgfalt recherchiert. Sie bieten keinen Ersatz für kompetenten medizinischen Rat. Die Empfehlungen in diesem Buch erfolgen ohne jegliche Gewährleistung oder Garantie seitens des Verlages oder des Autors. Weder Autor noch Verlag können für eventuelle Nachteile oder Schäden, die aus den im Buch gegebenen Hinweisen resultieren, eine Haftung übernehmen.

IMPRESSUM

Die gesunde Lunch-Box
Köstlich – einfach – praktisch

Coverfoto: Stockfood
Fotografie: Martina Schurich
Stockfood: S. 23, 45, 67, 91

Covergestaltung und Satz: Satz- & Verlagsservice Ulrich Bogun, Berlin

Gesamtherstellung: Ullmann Medien GmbH, Potsdam

ISBN 978-3-7415-0017-6